नेकी कर, अखबार में डाल

आलोक पुराणिक

जन्म : 30 सितंबर, 1966, आगरा (उ.प्र.)।

शिक्षा : एम.कॉम., पी-एच.डी.।

अमर उजाला; राष्ट्रीय सहारा; नवभारत टाइम्स; जागरण; उदय पत्रिका; दैनिक नवज्योति, जयपुर; दैनिक ट्रिब्यून, चंडीगढ़; स्वतन्त्र वार्ता, हैदराबाद; सेंटिनल, गोहाटी; लोकमत समाचार, नागपुर समेत कई पत्र-पत्रिकाओं में नियमित व्यंग्य-लेखन।

दिल्ली विश्वविद्यालय के एक कॉलेज में अध्यापन।

सम्पर्क : 14-डी, जीटीबी इन्कलेव, पॉकेट ए, दिल्ली-93

ई-मेल : alokpuranik@yahoo.com

आवरण-चित्र : राजेन्द्र धोड़पकर

जन्म : 11 अगस्त, 1956, इंदौर। शिक्षा भोपाल में हुई। प्रख्यात पत्रकार, कार्टूनिस्ट व कवि। फिलहाल दैनिक हिन्दुस्तान में कार्यरत।

आलोक पुराणिक

नेकी कर, अखबार में डाल

राधाकृष्ण पेपरबैक्स

पहला पुस्तकालय संस्करण
राधाकृष्ण प्रकाशन प्राइवेट लिमिटेड द्वारा
2002 में प्रकाशित

राधाकृष्ण पेपरबैक्स में
पहला संस्करण : 2004
दूसरी आवृत्ति : 2013

राधाकृष्ण पेपरबैक्स : उत्कृष्ट साहित्य के जनसुलभ संस्करण

राधाकृष्ण प्रकाशन प्राइवेट लिमिटेड
7/31, अंसारी मार्ग, दरियागंज
नई दिल्ली-110 002
द्वारा प्रकाशित

शाखाएँ : अशोक राजपथ, साइंस कॉलेज के सामने, पटना-800 006
पहली मंजिल, दरबारी बिल्डिंग, महात्मा गांधी मार्ग, इलाहाबाद-211 001
36 ए, शेक्सपियर सरणी, कोलकाता-700 017

वेबसाइट : www.radhakrishnaprakashan.com
ई-मेल : info@radhakrishnaprakashan.com

बी.के. ऑफसेट
नवीन शाहदरा, दिल्ली-110 032
द्वारा मुद्रित

मूल्य : ₹ 95

आवरण-चित्र : राजेन्द्र धोड़पकर

NEKI KAR, AKHBAR MEIN DAAL
by Alok Puranik

ISBN : 978-81-7119-851-1

माँ रजनी पुराणिक को

नेकी कर
अखबार में डाल

मार्केटिंग में भूमिका

इस किताब के लेखक बहुत गुणी आदमी हैं। वे अर्थशास्त्र के विद्वान हैं। आर्थिक पत्रकारिता कर चुके हैं। और, व्यंग्य लिख रहे हैं। कोई जमाना था जब कहते थे कि यह आदमी हिन्दी का प्रोफेसर है तो हिन्दी साहित्य में भी कुछ-न-कुछ जरूर होगा। काफी अर्से तक पत्रकारिता करने के बाद आलोक पुराणिक वाणिज्य के प्राध्यापक हो गए तो उन्होंने इसका अपने हिसाब से भावार्थ समझा। अब वे अर्थशास्त्र के पंडित हैं और हिन्दी में व्यंग्य लिखते हैं। पिछले दस-पन्द्रह सालों में अर्थशास्त्र ने सबको पीट कर रख दिया है। मार्केटिंग और ब्रांड का जलवा है। गली के नल पर 'बिग फाइट' हो रही है, कल्लू बर्गर खाते हुए अजय जडेजा का बीयरवाला विज्ञापन देखता है और अदिति जेतली से उसकी शादी पर टिप्पणी देते हुए बेदाग जॉर्ज फर्नान्डीस के राजनीतिक व्याख्यान की पीक दलित हितकारी समाजवादी पार्टी की मटीज पर फेंक देता है। जो अर्थशास्त्र के गुर जानता हो, वो इस सामान्य घटना के असाधारण सूत्रों को साफ करके बता सकता है कि सूचना क्रान्ति में क्रिकेट, बीयर, समाजवाद और मटीज के बीच कल्लू का हाल क्या है। इस हिसाब से समूचे माहौल में सबसे बड़े जिम्मेदार बाजार के अतिरिक्त कौन सी ऐसी स्थली हो सकती है जो व्यंग्य की विषय-वस्तु हो सके ? हम अपने समय को, उसके अन्तर्विरोधों को बाजार के प्रतीकों के जरिए बहुत बेहतर जान सकते हैं। क्योंकि, समाज के छवि-निर्माता बाजार के संचालक हो गए हैं। वे ही मॉडल हैं, वे ही रोल मॉडल। जब प्रधानमन्त्री के घुटने और कविताएँ एक साथ महान हो जाएँ तब हनुमानजी, पेप्सी, मटीज, प्रेस विज्ञप्ति, सोशलिस्ट, कबीर, कॉलेज, कवि और सेल्यूलर के दिलचस्प 'स्टॉक' के साथ आप नए मिलेनियम का सच जानने निकल पड़िए।

तकलीफें बढ़ी हैं तो हिन्दी के अखबार रोजाना एक तथाकथित व्यंग्य पाठक के सिर मढ़ने को मजबूर हैं। यानी उसका भी एक पाठकीय मार्केट है। मार्केट है तो उसमें सूटवाले रिटायर्ड अफसर भी महान होने निकल पड़ते हैं। सो आपको कॉलम भी कई मिल जाते हैं। पर भाषा, शैली और विषय अभी भी दादा फाल्के के वक्त के हैं, जो किसी म्यूजियम में पड़े पटियों की

तरह नजर आते हैं जिनका इस्तेमाल सिर्फ टिकटवाले दर्शन के लिए किया जा सकता है। जिन्दगी रोज नई होती है, पर बन्दे नए प्रतीकों से श्राद्ध-दक्षिणा वाला रिश्ता बनाने तक को तैयार नहीं।

आलोक पुराणिक नए अर्थतन्त्र के लटके-झटके जानते हैं और औसत समाज के दुख भी, लिहाजा वे ताजगी-भरी भाषा से रोजाना के उल्लेखों को भावार्थ देते हैं। यह उनकी पहली किताब है। इस पर भी इसकी भूमिका शानदार 'मार्केटियर' से बनवाने की बजाय उन्होंने काउन्टर पर ताक में खड़े आदमी को नवाजा, इससे पता चलता है कि वे सचमुच भले आदमी हैं।

भले आदमियों के लिए शाम के बाद घर से निकलना खतरनाक होता है। पर जो आदमी अर्थशास्त्र और समाजशास्त्र से ऊपर उठ जाए, उसके लिए बुरा-भला रात के उजाले में भी साफ हो सकता है। इस नेक उद्देश्य और सजग कलम के लिए दुआ कीजिए !

नई दिल्ली

यशवन्त व्यास

लेखकीय

व्यंग्य लेखन के लिए जैसा मुफीद समय यह है, वैसा शायद ही कभी रहा हो। या हो सकता है कि हर दौर के व्यंग्यकार को यही गलतफहमी रही हो। वैसे भी रचनाकार होने के लिए जरूरी है कि कुछ गलतफहमियाँ हों। आदरणीय स्वर्गीय शरद जोशी ने एक जगह लिखा है, लेखक अपनी गलतफहमियों के बूते ही लेखक बनता है, किसी की प्रशंसा के सहारे नहीं। गलतफहमियाँ अपने बारे में हों, तो लेखक महान से महानतर होता जाता है, पर गलतफहमियाँ उस समय और उस समाज के प्रति नहीं होनी चाहिए, जिस समय और जिस समाज में लेखक जी रहा है।

जिस समय और समाज में हम हैं, वहाँ पानी के भाव बढ़कर दूध के भावों के लेवल पर आ गए हैं। कम्प्यूटरों और सेल्यूलरों के भाव कम हो रहे हैं, पर रसोई गैस के भाव बढ़ रहे हैं। नई वर्ण व्यवस्थाएँ कारों और सेल्यूलरों के मॉडलों के आधार पर तय हो रही हैं। एक नया परम उच्च कोटि का वर्ण समाज में आ विराजा है–एनआरआई उर्फ नान रेजीडेंट इंडियन। यह वह दौर है, जिसमें इस तरह के संवाद सुनने को मिलते हैं–वी आर वैरी पुअर, वी हैव मारुति 800 ओनली, यानी हम बहुत गरीब हैं, हमारे पास सिर्फ मारुति 800 है।

नई वर्ण-व्यवस्था में मारुति 800 शूद्र की हैसियत में है, ब्राह्मण का दर्जा रोल्स रायल को है। जो मारुति 800 वाले पायदान पर भी नहीं हैं, उन्हें क्या माना जाए, वे खुद सोचें। शायद चौपाये और मनुष्य के बीचवाले कोई जीव। यह दौर तमाम पुरानी परिभाषाओं को उलट-पलटकर देखने का है। उलट-पलटकर देखने का काम व्यंग्य विधा ने जितनी जोरदारी से किया है, उतनी जोरदारी से किसी अन्य विधा ने नहीं किया। व्यंग्य को चीर-फाड़, उठा-पटक करने की जो छूट प्राप्त है, उसके चलते ऐसा हो पाता है। वैसे किसी दौर को समझने के लिए तत्कालीन व्यंग्य को समझना जरूरी होता है। इसीलिए कई बार व्यंग्य पर तात्कालिकता का आरोप लगता है, पर मूलतः यह व्यंग्य समाज-सापेक्ष और समय-सापेक्ष होने का ही प्रमाण है।

इस फंडे का यहाँ आशय यह है कि प्रस्तुत संकलन के कुछ व्यंग्य

आलेखों में अगर तात्कालिकता दिखाई दे, तो माना जाना चाहिए कि मैं अपने समय और समाज के प्रति कुछ ज्यादा ही प्रतिबद्ध हूँ। प्रस्तुत संकलन इस शक्ल में आ पाया, इसका श्रेय कई लोगों को है। राहुल देव को मैं इस अवसर पर धन्यवाद देना चाहता हूँ, जिन्होंने *जनसत्ता* के अपने सम्पादन काल में मुझे व्यंग्य की शुरुआत का मौका दिया। संजीव क्षितिज, राजेश रपरिया और अतुल माहेश्वरी ने मुझे *अमर उजाला* में लगातार व्यंग्य लिखने के मौके दिए, इसके लिए उनके प्रति आभार व्यक्त करता हूँ। विभांशु दिव्याल, मनीषा मिश्र, गोविन्द दीक्षित, विमल झा ने व्यंग्य लेखन के लिए *राष्ट्रीय सहारा* में जो अवसर उपलब्ध कराए, उनके लिए मैं उन्हें हार्दिक धन्यवाद देता हूँ। धीरेन्द्र अस्थाना के सतत प्रोत्साहन के बगैर यह संकलन सम्भव नहीं था। उनको मैं इस अवसर पर धन्यवाद देता हूँ। हरिनारायण सिंह का अग्रजवत मार्गदर्शन हमेशा मुझे उपलब्ध रहा है, जिसके लिए मैं उनका आभारी हूँ। हरीश नवल के साथ हुई समय-समय पर चर्चाओं ने व्यंग्य विधा को समझने में मेरी मदद की है। उन चर्चाओं के लिए उनका धन्यवाद। मेरी लेखन-यात्रा में रामकृपाल सिंह और मधुसूदन आनन्द का योगदान बहुमूल्य है, यह अवसर उनको धन्यवाद देने का है, उन्हें तहे-दिल से धन्यवाद।

यशवन्त व्यास ने मेरे व्यंग्य-लेखन में महत्त्वपूर्ण प्रेरक भूमिका निभाई है। इस पूरे किए-धरे में उनका योगदान भी कम नहीं है। अपना किया-धरा आदमी को समेटना पड़ता है। उन्हें भी समेटना पड़ा है। इस संकलन की भूमिका उन्हीं को लिखनी पड़ी है। सो उन्हें कैसा धन्यवाद ! वीरेन्द्र सेंगर पूरी यात्रा में इतने अभिन्न रहे हैं कि उन्हें धन्यवाद देना निरर्थक है।

हिन्दी अकादमी, दिल्ली द्वारा इस संकलन के प्रकाशन में दिए गए योगदान के प्रति मैं आभार व्यक्त करता हूँ। राधाकृष्ण प्रकाशन के अशोक महेश्वरी को बहुत-बहुत धन्यवाद। तमाम व्यस्तताओं और प्राथमिकताओं के दबाव के बावजूद उन्होंने इस संकलन को यथाशीघ्र प्रकाशित किया।

अन्त में अपनी पत्नी मीनल और बेटी इरा को ढेर सारा धन्यवाद, जिनके सहयोग बगैर कुछ भी सम्भव नहीं है। आठ-दस खंडोंवाली रचनावली लेकर फिर सबके बीच आऊँ, इस कामना के साथ।

17 फरवरी, 2002
दिल्ली

आलोक पुराणिक

अनुक्रम

नेकी कर, अखबार में डाल

जिधर देखो, उधर के दरिया सूखे और गन्दे क्यों नजर आते हैं।

क्योंकि लोगों ने नेकी करना छोड़ दिया है। पहले लोग नेकी करके दरिया में डाल जाते थे। अब लोग जो कर रहे हैं, वही दरिया में डाल रहे हैं। इसलिए हर तरफ के दरियाओं में गन्द-ही-गन्द नजर आ रहा है—

छात्र बहुत तार्किक जवाब दे रहा है।

नेकियाँ इधर दरियाओं में दिखाई नहीं देतीं। नेकियाँ अब कहीं और दिखाई देती हैं।

प्रख्यात नेकीबाज सोशलाइट ने साऊथ एक्स में कमर पतली करने के सेंटर का उद्‌घाटन किया—अखबार में नेकी की खबर दिखाई दे रही है।

सुविख्यात सुचर्चित सोशलाइटों ने कोमागाटामारु की विशिष्ट प्रजाति की चिड़िया के संरक्षण के लिए पर्यावरण मन्त्रालय से बीस करोड़ का अनुदान लिया—अखबार में नेकी की दूसरी खबर दिखाई

दे रही है।

प्रख्यात सोशलाइट ने लक्स द्वारा आयोजित कार्यक्रम में अपनी चमकती त्वचा के राज बताए—अखबार में नेकी की एक और खबर दिखाई दे रही है।

अखबार देखो, सोशलाइटों के फोटो देखो, तो लगता है कि नेकियाँ-ही-नेकियाँ बरस रही हैं। छात्र ग़लत कह रहा है कि लोगों ने नेकी करना छोड़ दिया है। बात यह है कि नेकी करके लोगों ने दरिया में डालना छोड़ दिया है। दरियाओं में नेकियाँ डालकर कुछ नहीं मिलता। अगर दरिया में डालने के लिए ही नेकी करनी हो, तो फिर क्यों करना। अब नया फंडा यह है—नेकी कर, अखबार में डाल। पुराने मुहावरों को अब रिवाइज कर लिया जाना चाहिए। नेकी करके अब सीधे अखबार के दफ्तरों में जाना चाहिए। एक बार अखबार में नेकी डल जाए, तो रिटर्न देती है।

अखबार की नेकी रिकार्ड के काम आती है। रिकार्ड के ही खेल हैं। जो रिकार्ड पर है, वही मान्यताप्राप्त है। बाकियों की नेकी बगैर रिटर्न के रह जाती है। रिकार्ड रहित नेकी उन फूलों की तरह होती है, जिनसे कोई खुशबू नहीं आती। मामला अब बदल गया है। फूल हों या न हों, खुशबू आनी चाहिए। बेहतर यह है कि प्लास्टिक के फूल लगाकर ऊपरी खुशबू का इन्तजाम कर लिया जाए। ऐसे फूल परमानेंट रहते है। अरसे तक महकायमान रह सकते हैं।

फिर जो नेकी रिटर्न न दे, उस नेकी का मतलब क्या ! फिर जो नेकी तत्काल रिटर्न न दे, उसका क्या मतलब ! आज की नेकी कल के अखबार में न निकले, तो मामला भंड है। पुराने जमाने में बताया जाता था कि इधर नेकी करो, रिटर्न ऊपर जाकर मिलेगा। अभी लगाओ, बाद में मिलेगा। पुराने लोग सब्र कर लेते थे। दीर्घकालीन निवेश में भरोसा कर लेते थे। अब जमाना दीर्घकालीन निवेश का नहीं है। अब मामला नकद ट्रांसेक्शन का है।

छात्रों को समझाता हूँ—बेटा नेकी के काम करो। लड़कियों का पीछा मत करो। दारु मत पियो, सिगरेट मत पियो। वहाँ ऊपर इसका रिटर्न मिलेगा। एक दिन एक छात्र ने प्रामाणिक ग्रन्थों के हवाले से बताया कि सर स्वर्ग में सोमरस मिलेगा। स्वर्ग में अप्सराएँ मिलेंगी। इस रिटर्न का इतना इन्तजार क्यों ! यहीं जिन लगा ली, सोमरस हो

गया। फिर यहाँ का मामला पक्का है। वहाँ क्या पता किस ब्रांड की मिले। क्या पता, अब भी वहाँ पुरानी टेक्नालॉजी हो। वहाँ पुरानी टेक्नालॉजीवाली पीनी पड़े, तो देशी पीनी पड़ेगी। क्यों घचपच में पड़ना। यहीं लगा लेते हैं। इन्तजार नहीं करते, कैश ट्रांसेक्शन।

अप्सराओं के मामले में वहाँ जाने का इतना इन्तजार क्यों। यहाँ भी पर्याप्त अप्सराएँ हैं। यहाँ की अप्सराओं से विमुख होकर वहाँ की अप्सराओं का इन्तजार किया जाए, यह तो यहाँ की अप्सराओं का अपमान है। एक छात्र ने तमाम तर्कों से यह सिद्ध किया कि अभी निवेश करके भविष्य के रिटर्न का इन्तजार करनेवाले मूरख हैं। अक्लमन्द हैं वे, जो तुरन्त तत्काल रिटर्न हासिल कर लेते हैं। इन्तजार क्यों करें, कैश ट्रांसेक्शन।

नेकी कर अखबार में डाल, यह भी पुराना फंडा है। नया फंडा यह है कि नेकी कर या न कर, पर अखबार में जरूर डाल। करनेवाले बहुत टहल रहे हैं। अखबार में नहीं डाल पा रहे हैं। जिनकी काबिलियत अखबार में डाल पाने की है, उन्हें नेकी करने की जरूरत नहीं है।

इससे ज्यादा सटीक फंडा और कुछ भी हो सकता है क्या !

लॅक्मे और गाँधीजी

महात्मा गाँधी मेरे आदर्श हैं--सुन्दरी बता रही है। इधर सौन्दर्य प्रतियोगिताओं में महात्मा गाँधी भी लपेटे में आ जाते हैं। तमाम सुन्दरियों को महात्मा गाँधी ने प्रभावित किया है, महात्मा गाँधी के प्रभाव के इस आयाम पर गाँधीवादी विचारकों और अध्येताओं को अभी लिखना है। इधर महात्मा गाँधी ने जितनी सुन्दरियों को प्रभावित किया है, उनका हिसाब लगाया जाए, तो सुन्दरियों की पूरी डाइरेक्टरी बन सकती है। इधर विश्व सुन्दरी, मिस इंडिया, मिस मुहल्ला, मिस ब्लाक--सबका यही कहना है कि उसे महात्मा गाँधी ने प्रभावित किया है।

और मेरे आदर्श राममनोहर लोहिया हैं--दूसरी सुन्दरी बता रही है।

और मेरे आदर्श लेनिन हैं। मदर टेरेसा ने भी मुझे प्रभावित किया है। मुझे मार्टिन लूथर किंग ने भी प्रभावित किया है। नेल्सन मंडेला ने भी कभी-कभी मुझे प्रभावित किया है। भगतसिंह, राजगुरु, आजाद

से भी प्रभावित हूँ। रोजा लक्जमबर्ग, मार्ग्रेट थैचर, रानी लक्ष्मीबाई से भी मैंने प्रेरणा ली है—सुन्दरी आगे बता रही है।

इधर मामला बहुत कनफ्यूजनवाला हो गया है। कनफ्यूजन यह है कि ये बयान सुन्दरियों के हैं या किसी क्रान्तिकारी विचारक या समाज सुधारक के। आवाज सुन्दरियों की होती है, पर बयान समाज सुधारकों के-से होते हैं। सुन्दरियाँ इधर राममनोहर लोहिया, लेनिन और महात्मा गाँधी से कैसे प्रभावित हो गईं, यह मुझे समझ में नहीं आ रहा है। पहले सुन्दरियाँ सीधी बात करती थीं। एलिजाबेथ टेलर, हेलेन, रेखा, हेमा मालिनी से प्रभावित हैं, ऐसा बताती थीं। अब वो यह सब नहीं कहतीं। वे महात्मा गाँधी को बीच में ले आती हैं। लेनिन को बीच में ले आती हैं।

पर ये तो बताइए कि आप एलिजाबेथ टेलर और रेखा का नाम क्यों नहीं लेतीं ! महात्मा गाँधी को क्यों बीच में ले आती हैं—मैं एक मिस इंडिया और मिस ब्रह्मांड से पूछ रहा हूँ।

ब्रांड इमेज चौपट हो जाती है। पहलेवाली सुन्दरियाँ ब्रांड इमेज का ध्यान नहीं रखती थीं। हमें रखना पड़ता है। इसलिए हम महात्मा गाँधी को बीच में लाते हैं। महात्मा गाँधी का इस्तेमाल तो ब्रांड इमेज के लिए बीड़ीवाले भी करते हैं। हम पर क्या रोक है—सुन्दरी ब्रांड इमेज पर भाषण दे रही है। नए ब्रांड को अगर जोरदारी से जमना है, तो उसे वे सब बातें छोड़नी पड़ेंगी, जो पुराने ब्रांड कहते रहे हैं। पुरानी सुन्दरियाँ महात्मा गाँधी के इस्तेमाल नहीं जानती थीं। इसलिए एलिजाबेथ टेलर के सहारे झूलती थीं। पर अब समझ में आ रहा है कि सहारे और भी हैं, टेलर के सिवा। सुन्दरी की ब्रांड इमेज बदलती रहनी चाहिए।

पर आप तो सुन्दरी हैं, क्या जरूरी है कि आप महात्मा गाँधी से प्रेरणा लें। आप सुन्दरी हैं, आपसे पूरी दुनिया प्रेरणा लेगी—मैं सुन्दरी को सलाह दे रहा हूँ।

सुन्दरी को नहीं मालूम, उसकी हैसियत क्या है। अब दिन ये आ गए हैं कि महात्मा गाँधी को अगर सफल सभा करनी होती, तो उसके लिए सुन्दरियों को बुलाना पड़ता। सुन्दरियों को आखिर तक रोकना पड़ता, तब कहीं जाकर पब्लिक आखिर तक रुकती। अब महात्मा गाँधी का जन्मदिन भी पब्लिक इस देश में तब मनाती है,

जब डिस्काउंट पर कुरते और सूट दिए जाते हैं। अब महात्मा गाँधी की हैसियत वह नहीं है, जो पहले थी। सुन्दरी की हैसियत भी वह नहीं है, जो पहले थी। हाल के सालों में हैसियतों में काफी उलटफेर हो गया है। महात्मा गाँधी की सफल सभा के लिए सुन्दरियों की उपस्थिति जरूरी हो जाती है। मैं सुन्दरी को उसका महत्त्व समझा रहा हूँ।

पर समझिए, कुछ आफबीट होना चाहिए। बगैर आफबीट के कुछ जमता नहीं है। यू सी आफबीट ड्रेस होनी चाहिए, आफबीट मेकअप होना चाहिए, आफबीट...

सुन्दरी आफबीट स्पष्टीकरण दे रही है।

सुन्दरी आफबीट मेकअप करती है। बदले हुए मेकअप में अब वह महात्मा गाँधी को लगा लेती है। लेनिन को लगा लेती है। राममनोहर लोहिया को लगा लेती है। महात्मा गाँधी का यह इस्तेमाल बड़े-बड़े गाँधीवादियों ने नहीं सोचा होगा। लेनिन का यह इस्तेमाल बड़े-बड़े लेनिनवादियों ने नहीं सोचा होगा। लोहिया का यह इस्तेमाल बड़े-बड़े लोहियावादियों ने नहीं सोचा होगा। ब्रांडों का इतना बहुआयामी इस्तेमाल हो सकता है, मुझे अब समझ में आ रहा है। गाँधी को टोपी बाजारवाले चकाचक ब्रांड मानते ही हैं, अब सुन्दरियाँ मेकअप का ब्रांड मानने लगीं। लोहिया भी लॅक्मे की तरह मेकअप के ब्रांड हो गए, लोहियावाद के सर्वश्रेष्ठ विद्वान भी लोहिया का यह इस्तेमाल नहीं सोच पाए। सुन्दरियों ने सोच लिया। सुन्दरी दूर की सोचती है। तमाम ब्रांडों के बहुआयामी इस्तेमाल पर इतनी दूर की सोचनेवाली सुन्दरियों को मार्केटिंग का प्रोफेसर क्यों नहीं बनाया जाता। मैं यह समझने की कोशिश कर रहा हूँ।

नहीं हम महात्मा गाँधी के आदर्शों को अपने रोजमर्रा के जीवन में उतारने का प्रयास कर रहे हैं—सुन्दरी स्पष्टीकरण दे रही है।

सुन्दरी एक साबुन की मॉडलिंग करने की तैयारी कर रही है। मुझे दिखाई दे रहा है वह उसी ड्रेस कोड के हिसाब से कपड़े पहनी हुई है, जिस ड्रेस कोड का पालन गाँधीजी करते थे। सुन्दरी गाँधीजी से कितनी प्रभावित है, यह पूरी तौर पर मुझे अब समझ में आ गया है।

क्षणभंगुर स्टेटस बनाम इथनिक स्टेटस

अब सैल्यूलर के भाव भी कम हो गए–जाल साहब झींक रहे हैं।

जाल साहब परेशान हैं। सैल्यूलर के भाव इधर इतने कम हो गए हैं कि मेरे सामनेवाली कोठी की कामवाली भी सैल्यूलर लेकर आती है। पहले यह गति पेजर की हुई थी। अब सैल्यूलर का नम्बर है। मामला इधर लगातार पेचीदा होता जा रहा है। गिरते भावों ने जाल साहब की आफत कर रखी है। पहले मारुति खरीदकर पूरे मुहल्ले पर नक्शेबाजी करते थे। अब हाल यह है कि मुहल्ले में घर 100 हैं और मारुति 188 हैं। जब से मारुति के भाव गिरे, मारुतिवाला स्टेटस हवा हो गया। फिर जाल साहब पेजर ले आए। मुहल्लेवालों ने थोड़े दिन इम्प्रेशन खाया, फिर हालत यह हुई कि जूते, टूथपेस्ट, चाय, चीनी, शहद के साथ पेजर मुफ्त मिलने लगे। बच्चे पेजर पर आइस-पाइस खेलने लगे, पेजरवाला स्टेटस हवा हो गया। इधर स्टेटस बहुत जल्दी हवा होते हैं। पहले कुछेक साल चलते थे। बीस साल पहले बेलनगंज में एक के घर में टीवी होता था, वह अपने टीवी का एंटीना इतना

ऊँचा तानता था कि आधी कुतुबमीनार नप जाए, फिर ठसके से बताता था कि किसी से पूछने की जरूरत नहीं है, दूर से, चार किलोमीटर से जिस छत पर एंटीना दिख जाए, वही हमारा घर है। अब उस मुहल्ले में जाता हूँ तो पता लगता है कि सौ घरोंवालों मुहल्ले में 188 एंटीना हैं। अब यह टीवीवाला शरमाता हुआ पूरा पता बताता है, साथ में फोन नम्बर भी देता है कि कहीं भटक जाओ, तो फोन कर लेना। टीवीवाला स्टेटस कब का हवा हो गया। पर राहत यह थी कि बेलनगंजवाला वह भाई सिर्फ टीवी के सहारे अपना स्टेटस दस-पन्द्रह साल खींच गया। अब तो एक साल खिंचना मुश्किल होता है। पहले गुप्ताजी का साला उनके लिए सिंगापुर से जो टू-इन-वन लाता था, उसके बूते गुप्ताजी का स्टेटस तीन चार बरस खिंच जाता था। अब हर दिन किसी घर में टू-इन-वन आता है, जो सिंगापुरवाले मॉडल का चाचा होता है। स्टेटस का मामला अब क्षणभंगुर हो गया है।

पहले के स्टेटस इतने क्यों चलते थे–

जाल साहब बहुत मार्मिक सवाल कर रहे हैं।

पहले के सारे काम पुख्ता होते थे। इधर फास्ट फूड की तरह स्टेटस भी फास्ट हो गया है, नया जमाना है–

मैं जाल साहब को दिलासा देने की कोशिश कर रहा हूँ।

नए जमाने में सैल्यूलर, पेजर, टीवी, फ्रिज, कम्प्यूटर के भाव इतनी रफ्तार से गिर रहे हैं कि इनके बूते पर चलनेवाला स्टेटस फास्ट फूड से ज्यादा नहीं चल सकता।

ये भावों के गिरने पर बैन नहीं लगाया जा सकता क्या–

जाल साहब फिर दुःखी होकर पूछ रहे हैं। भावों के मामले में जाल साहब एक तरह से लोहियाजी के चेले हो रहे हैं। दाम बाँधो-काम दो–लोहियाजी के इस नारे के एक हिस्से पर अमल की माँग अब जाल साहब करेंगे। जाल साहब डिमांड करेंगे कि जो दाम एक बार तय हो जाएँ फिर उससे नीचे नहीं आने चाहिए। दाम को एक जगह बँधकर रहना चाहिए। बार-बार नीचे आकर स्टेटस चौपट नहीं करना चाहिए। पर लोहियाजी का यह मतलब नहीं था–

मैं स्पष्टीकरण देने की कोशिश कर रहा हूँ।

समय के साथ-साथ मतलब बदलते रहते हैं।

जाल साहब बता रहे हैं। इस बार जाल साहब की बात में दम

है। समय के साथ मतलब बदलते रहते हैं। पहले जो आइटम पिछड़े माने जाते थे, अब वे इथनिक मान लिए जाते हैं। इधर अपने शहर के एक अरबपति के ड्राइंगरूम में मैंने एक रजाई लटकी हुई देखी, उसने बताया कि यह राजस्थान के स्पेशल बंजारों की स्पेशल इथनिक रजाई है, बहुत शानदार इथनिक डिजाइन है, पाँच लाख की खरीदी। वाकई समय के साथ-साथ मतलब बदलते रहते हैं।

जाल साहब, अब स्टेटस सैल्यूलर और पेजर से नहीं बचता, वह इथनिक रजाई से बचता है। समझदार आदमी अपना स्टेटस इथनिक रजाई के भावों पर टाँगकर रखता है, वहाँ से भावों को नीचे आने का रास्ता तो नहीं मिलता—

मैं जाल साहब को समझाने की कोशिश कर रहा हूँ। इथनिक रजाई और इथनिक तकिए में सुभीता यह है कि स्टेटस के जो चाहे, भाव बताए जा सकते हैं, कोई कनफर्म नहीं कर सकता। ब्रांडेड स्टेटस में एक लफड़ा यह होता है कि भाव सबको पता रहते हैं, भावों की गिरावट की खबर सबको पता रहती है। इस मामले में बिना ब्रांडवाला इथनिक स्टेटस चकाचक रहता है।

देखी, आपने वह हड़प्पाकालीन साड़ी, इथनिक डिजाइन—

जाल साहब अपने ड्राइंगरूम में टँगी पुरानी साड़ी दिखा रहे हैं। मुझे पता है, यह उन्होंने अपने घर में बरतन साफ करनेवाली से माँगी है। अब मैं आश्वस्त हूँ, जाल साहब के स्टेटस के भाव अब नहीं गिर सकते। सैल्यूलर से इथनिक साड़ी जीत गई, गाँधीजी यह देखते, तो कितने खुश होते, पता नहीं, यह खयाल भी मेरे दिमाग में क्या आ रहा है।

इससे पहले कि चीनी जागरण आ जाए...

प्यार करनेवाले प्यार करते हैं शान से—का आह्वान करती हुई धुन के बाद दूसरी धुन पुकार मचा रही थी—अब भी आया न हरजाई। सोने में असमर्थ मुहल्ले के सारे लोग आ चुके थे, समाँ बँध चुका था, माता का जागरण उठान पर था।

अंकल, देवियों के टेस्ट में इतना फरक क्यों है, साऊथ में देवी की आराधना क्लासिकल संगीत और भजनों से होती है। यहाँ वाली देवियाँ लेटेस्ट फिल्मी धुनों से ही क्यों प्रसन्न होती हैं।

पड़ोस का बच्चा सवाल पूछ रहा है।

बहुत जोरदार सवाल है। साऊथवाली देवियाँ और देवता क्लासिकल संगीत सुनकर प्रसन्न होते हैं। सुब्बूलक्ष्मी का सुप्रभातम् सुनकर प्रसन्न होते हैं। पर इधर माता के दरबार में—अब भी आया न हरजाई की पुकार ही क्यों मचाई जाती है। देवियाँ भी क्या साउथ और नार्थ के हिसाब से अपना टेस्ट बदल लेती हैं। बड़े जटिल सवाल हैं।

गहन धार्मिक सवालों के जवाब आसान नहीं हैं। एक सवाल देवी जागरण देखकर और उठता है कि दिन में की गई पूजा-अर्चना को देवी माँ स्वीकार क्यों नहीं करतीं ! दिन में राजी-खुशी सब कुछ हो जाए, रात में सब लोग आराम से सोएँ, यह बात माता को स्वीकार क्यों नहीं होती !

धन्धे की बात है–

जागरण इंडस्ट्री का एक जानकार बता रहा है।

धन्धे की बात है–

मैकडोनाल्ड बर्गरवाला बता रहा है।

आलू की टिक्की को पाव में रखकर दे दो, पाँच रुपए का आइटम भी नहीं पड़ेगा। कमाएँगे क्या। उसमें फ्रेंच फ्राई मिलाओ, उसमें कोक मिलाओ और फिर बताओ–कांबोमील्स, पब्लिक 98 रुपए दे देगी। पैसे बर्गर में नहीं हैं। पैसे कांबो में हैं, पाव के साथ कई आइटम कम्बाईन करने पड़ते हैं।

ऐसे ही भजन गा दो, तो क्या मिलेगा। सौ रुपए भी नहीं मिलेंगे दक्षिणा में। कमाएँगे क्या। भजन में आर्केस्ट्रा मिलाओ, आर्केस्ट्रा में डिस्को लाइट मिलाओ, डिस्को लाइट में–अब तो आया न हरजाई मिलाओ, अब तो आया न हरजाई में मारक डांस मिलाओ, फिर बताओ कि माता का जागरण है। पब्लिक 25000 रुपए देगी जागरण के। पैसे भजन में नहीं हैं, पैसे कांबो में हैं, भजन के साथ कई आईटम कम्बाईन करने पड़ते हैं। धन्धे के उसूल एक जैसे हैं। मैकडोनाल्ड का कारोबार हो या माता के जागरण का कारोबार। कमाई अगर होती तो, फ्रेंच फ्राई में गौ-मांस मिलाने से परहेज नहीं करना चाहिए। कमाई अगर होती हो, तो माता के भजन में–अब भी आया न हरजाई मिलाने से परहेज नहीं करना चाहिए।

धन्धे की बात है।

मुझे लगता है कि लाइटिंग के धन्धेवालों ने सदियों से भारतीय समाज में एक साजिश कर रखी है। पीढ़ी-दर-पीढ़ी महिलाओं को समझा रखा है कि दिन में अगर शादी-ब्याह, बर्थ-डे, जागरण के फंक्शन हो गए, तो फिर आपके जेवरों को कौन पूछेगा। हजार वाट के लट्टू के नीचे यह बताना बहुत चमकायमान होता है कि यह जो गले का हार है, यह दस तोले का है और...। दिन में यह बयान बिल्कुल बुझायमान

हो जाता है। लाइटिंगवाले ही देवी के दरबार से यह सर्टिफिकेट ले आए हैं कि दिन में माता की लाइटविहीन पूजा से गौ-हत्या का पाप लगता है, इसलिए माता की पूजा रात में ही होनी चाहिए और लाइटिंग का बजट कम-से-कम ग्यारह हजार का होना चाहिए।

पैसे भजन में नहीं हैं, पैसे कांबो में हैं, भजन के साथ कई चीजें कम्बाईन करनी पड़ती हैं। धन्धे की बात है।

पिया, पिया ओ पिया पिया का आह्वान हो रहा है। जागरण जोर पकड़ चुका है।

वही सारी बेकार लेटेस्ट धुनें–

के एल सहगल कालीन एक सज्जन जागरण में झींक रहे हैं।

जागरण इंडस्ट्रीवाले अपने सारे ग्राहकों के टेस्ट का पूरा खयाल नहीं रखते। मुझे एक धाँसू आइडिया सूझ रहा है–

सिर्फ कुन्दनलाल सहगलवाली धुनों पर आधारित जागरण, सीट बुक कराएँ–

मुकेश के दर्दीले गीतों पर आधारित जागरण, एडवांडस बुकिंग कराएँ–

मुहम्मद रफी के प्रेमियों के लिए सुनहरा मौका, रफी साहब के हिट गीतों पर आधारित जागरण–

इस तरह के विज्ञापन सामने आने चाहिए। बहुराष्ट्रीय कम्पनियों की निगाह अभी जागरण इंडस्ट्री पर पड़ी नहीं है। उनके बाजार में आते ही सारे कस्टमरों की इच्छा पूरी होने लगेगी। हिन्दुस्तान लीवरवाले सुन रहे हैं क्या। सुन लो भईया, इससे पहले कि चीनवाले अपनी देवी और अपने जागरण लेकर बाजार में कूद पड़ें।

खिलाड़ियों का खिलाड़ी

लालू यादव बिहार क्रिकेट एसोसिएशन के अध्यक्ष बने--यह खबर किस पेज पर जानी चाहिए--खेल पेज पर, राजनीति के पेज पर, मनोरंजन के पेज पर, कला के पेज पर, किस पेज पर--

पत्रकारिता के परचे में बच्चों से एक सवाल पूछा गया है। बच्चे चकराए हुए हैं।

यह खबर खेल में राजनीति का बयान करती है या राजनीति में खेल का बयान करती है। यह खबर मनोरंजित करती है या किसी विकट कलाकारी की सूचना देती है। बहुत चकरायमान सवाल है। तमाम तरह के कनफ्यूजन खड़े हो गए हैं।

लालू बिहार में क्रिकेट को घुसा देंगे या क्रिकेट में बिहार को घुसा देंगे। बिहार क्रिकेटमय हो जाएगा या क्रिकेट बिहारमय हो जाएगा। इधर कुछ समझ में नहीं आता। जिसे जो करना चाहिए, वह करता हुआ दिखाई नहीं देता। जिन्हें बिहार पर ध्यान देना चाहिए, वे क्रिकेट पर ध्यान लगाते हैं। जिन्हें क्रिकेट में ध्यान लगाना चाहिए,

वे कोक, पेप्सी बेचने में लग जाते हैं, डान भाईयों से सैटिंग करते हैं। जिनका असली धन्धा डान भाइयों सैटिंग का है, वे जन प्रतिनिधि बन जाते हैं। जिन्हें जन प्रतिनिधि होना चाहिए, वे टैंकों, कैमरों के सौदे कराते हैं। जिनका काम टैंकों और कैमरों के सौदे कराने का है, वे देश बेचने में लग जाते हैं।

कौन क्या कर रहा है, कौन क्या बेच रहा है, यह समझ पाना बहुत मुश्किल है। लगातार मुश्किल होता जा रहा है। बहुत पहले दिल्ली में किराए की मकान की तलाश में निकलता था, तो पता लगता था कि जिसे मैं पानवाला समझता हूँ उसके पास किराए के मकानों की लिस्ट हैं। पानवाला प्रापर्टी डीलर निकलता था।

जिसकी दुकान के बाहर प्रापर्टी डीलर का बोर्ड होता था, वह किसी पार्टी का महासचिव निकलता था। जिसे महासचिव मानकर मिलता था, वह बहुत बड़ा फिक्सर निकलता था। जिसे फिक्सर समझो, वह बताता था कि वह साहित्य और कला का बहुत बड़ा प्रेमी है। जिसे साहित्य और कला का प्रेमी मानो, वह बहुत बड़ा रैकेटियर निकलता था।

कनफ्यूजन घने होते जा रहे हैं। प्रधानमन्त्री के बारे में बताया जाता है कि वह बहुत बड़े कवि हैं। तमाम कवियों के बारे में बताया जाता है कि वे बहुत बड़े अफसर हैं। तमाम बहुत बड़े अफसरों के बारे में बताया जाता है कि वे बहुत बड़े विद्वान हैं। तमाम विद्वानों के बारे में बताया जाता है कि...असल में वे बहुत बड़े चिरकुट हैं।

बहुत महँगाई है, एक धन्धे में गुजारा नहीं होता—

एक जानकार बता रहा है।

बात में दम है। महँगाई बहुत है। सबको पार्ट टाइम करना पड़ता है, एक्स्ट्रा इनकम की जुगाड़ करनी पड़ती है। प्रधानमन्त्री को कविता लिखनी पड़ती है, उस पोस्ट पर खर्च बहुत हो जाते हैं। एक्स्ट्रा इनकम की जुगाड़ करनी पड़ती है। वैसे प्रधानमन्त्री को जब भी देखता हूँ, आश्वस्ति होती है कि कविता लिखकर भी इतना कमाया जा सकता है कि एक्स्ट्रा खर्च पूरे किए जा सकें।

अरे भाई अफसर हो, तो अफसर ही रहो, कवि क्यों हो जाते हो—

एक अफसर मित्र से पूछ रहा हूँ।

कविता सिर की कलंगी है, अफसरी कोट-पैंट है। पूरे बदन पर सिर्फ कलंगी पहनकर निकल गया, तो पब्लिक मारेगी–

–अफसर कवि जवाब दे रहा है।

बात में दम है। कविता सिर की कलंगी है। कोट-पैंट तो अफसरी से ही आती है। अफसरी हो तो कलंगी जुगाड़ी जा सकती है, पर कविता से कोट-पैंट नहीं आते। इसलिए समझदार लोग पहले कोट-पैंट की व्यवस्था पहले करते हैं। कलंगी तो आ ही जाती है। इधर इतने कोट-पैंटों पर कलंगी लगी दीखती है कि कुछ दिनों में साहित्यकारों का परिचय इस तरह से दिया जाएगा–कखग कवि, भारतीय प्रशासनिक सेवा संवर्ग, चछझ कवि, भारतीय राजस्व सेवा संवर्ग, अबस कहानीकार, भारतीय पुलिस सेवा संवर्ग, यरल उपन्यासकार, भारतीय रेल सेवा संवर्ग। कहानीकार, भारतीय प्रशासनिक सेवा संवर्ग का कहानीकार भारतीय राजस्व सेवा संवर्ग के उपन्यासकार को डाँटता हुआ दिखेगा–जूनियर कैडर का होकर मुझसे पहले उपन्यास लिखता है। सीआर खराब करवा दूँगा। चाहे मुझसे पहले उपन्यास लिख ले, सीनियर उपन्यासकार का स्केल मुझे ही मिलेगा, बैकडेट से।

लालू यादव को क्रिकेट में क्या करना चाहिए–

लालू के चम्पू मुझसे पूछ रहे हैं।

लालू यादव को क्रिकेट में लोकतन्त्र की स्थापना करनी चाहिए। भारतीय क्रिकेट टीम का कप्तान उसे ही माना जाना चाहिए, जिसे पब्लिक कप्तान माने। बस एक छोटी सी शर्त लगा दी जानी चाहिए। कप्तानी का चुनाव बिहार में होगा।

तो अब बताइए कि भारतीय टीम के कप्तान लालू को क्या करना चाहिए–

लालू का चम्पू फिर पूछ रहा है

चलूँ, हिसाब लगाऊँ, लालू कोक बेचते हुए ज्यादा अच्छे लगेंगे या पेप्सी बेचते हुए।

जिन खोया, तिन पाइयाँ

धीमे से बात करते हैं, चाय की दुकान पर नहीं, दारु के अड्डे पर जेबकटों के भेष में बात करते हैं। चाय की दुकान पर पहचान लिए जाने का खतरा होता है। सेलफोन पर बात नहीं करते। पेजर पर बात नहीं करते। सिर्फ आमने सामने या ई-मेल के जरिए कोड-वर्ड में बात करते हैं। अच्छा बच्चों, बताओ, सत्ताईस में आलआउट का क्या मतलब होगा–

जाल साहब की क्रिकेट अकादमी में क्रिकेट का प्रशिक्षण चल रहा है।

सर सत्ताईस में आलआउट मच्छरमार यन्त्र का विज्ञापन है–

गलत–

सर, यह कोड-वर्ड है। इसका मतलब है कि सत्ताईस रनों में पूरी टीम को आउट होना पड़ेगा। सताईस लाख मिलेंगे–

यस, वंडरफुल, यह बच्चा ही मैन आफ दि क्लास होने के काबिल है–

क्रिकेट के कोच इस बच्चे की प्रतिभा पर प्रसन्न हैं।

इधर क्रिकेट में कोचिंग का हिसाब-किताब बदल गया है। बच्चे कवर और स्लिप के नए मतलब समझ रहे हैं। अब बच्चे बताते हैं कि कवर का मतलब है कि किस तरह से मैच फिक्सिंग के मामले पर कवर डाला जाए–तो स्लिप का मतलब है कि बहुत चकाचक डील हाथ से स्लिप हो गया, हाथ से निकल गया। फिक्सिंगवाले पाँच लाख डालर दे रहे थे, मैं सात लाख माँग रहा था। इस चक्कर में डील स्लिप हो गया।

सर, एक बात समझ में नहीं आती। हारनेवालों का लेवल जीतनेवालों के लेवल से ज्यादा क्यों होता है–

यह जिज्ञासु अभी भी पुराने क्रिकेट के चक्कर में पड़ा हुआ है। क्रिकेट का नया अर्थशास्त्र बिल्कुल साफ है। जीतनेवालों को लाखों मिलते हैं। हारनेवालों को करोड़ों मिलते हैं। जिन खोया, तिन पाइयाँ। कबीरदास अपनी उक्ति रिवाइज कर लेते। जिन खोजा, तिन पाइयाँ का फंडा पुराना हो चला है। खोजनेवालों को मिले ही, यह जरूरी नहीं है। मिलना अब तमाम अन्य कारकों पर निर्भर करता है। जिन खोया, तिन पाइयां का फंडा एकदम चकाचक है। जो एक मैच खोने को तैयार हो जाए, उसकी पूरी जिन्दगी का इन्तजाम हो जाता है। एक मैच जीतनेवालों को गुजारे के लिए कोल्डड्रिंक और क्रेडिट कार्ड बेचने पड़ते हैं।

मामला कुछ-कुछ सूफी परम्परा के इश्क का हो गया है। जो डूबा, वही पार हुआ। इधर सूफी परम्परा की कव्वाली सुनते हुए, कबीर को सुनते हुए क्रिकेट मैच और क्रिकेट खिलाड़ी याद आने लगते हैं। आध्यात्मिक उक्तियाँ कितनी सटीक होती हैं। यह मुझे अब पता लग रहा है। दक्षिण अफ्रीका से लेकर इंडिया के क्रिकेटर सूफी कव्वालियों के प्रशंसक हैं। यह जानकर बहुत अच्छा लगा।

इस क्षणभंगुर संसार में क्या जीतना और क्या हारना। अपनी चेतना को उस स्तर तक ले जाइए, जहाँ आपके लिए जीत और हार में कोई फर्क न रह जाए। फिल्में देखिए। अमरीशपुरी हारने और पिटने के इतने पैसे लेते हैं, जितने जीतनेवाले कई हीरो नहीं कमा पाते। पिटने के ज्यादा पैसे मिलते हैं, तो पिटना ही समझदारी है।

जाल साहब की क्रिकेट अकादमी में यह नया एक्सपर्ट

आया है।

देखिए कोई न कोई तो हारता और कोई न कोई तो जीतता। रकम का लेन-देन न हुआ होता, तो भी एक टीम को हारना था और एक टीम को जीतना था। अब अगर एक टीम रकम लेकर हार जाती है, तो इससे क्या फरक पड़ जाता है--

नए क्रिकेट का एक्सपर्ट बहुत ही तार्किक बातें कर रहा है।

पर इससे पब्लिक का भरोसा ही उठ जाएगा।

तो फिर पब्लिक क्या कर लेगी ! पब्लिक का भरोसा सुखराम से उठ चुका है, इससे क्या ! वह फिर भी टोपी बाजार में चकाचक दुकान चला रहे हैं। इधर बाजार पब्लिक के भरोसे से नहीं, नोटों से चलते हैं–

पर क्रिकेट बाजार है क्या–

एक्सपर्ट इस नादान सवाल पर हँस रहा है।

उधर दूसरे एक्सपर्ट का जोरदार लेक्चर भी मुझे सुनाई दे रहा है।

मैच फिक्सिंग को रोकने का एक ही तरीका है। वह यह है कि खिलाड़ियों को जो रकम हारने के लिए फिक्सिंग वाले देते हैं, उससे ज्यादा रकम उन्हें जीतने के लिए दूसरे फिक्सिंगवाले दें। इस क्षेत्र में आवश्यक है कि तमाम फिक्सिंगवालों के बीच कम्पटीशन करवाया जाए। इसके लिए जरूरी है कि और मैच फिक्सरों को तैयार किया जाए। इसके लिए जरूरी है कि अधिक से अधिक से देशी-विदेशी फिक्सर मैदान में आएँ...

जाल साहब की क्रिकेट अकादमी का भविष्य में मुझे बहुत उज्ज्वल दिखाई दे रहा है।

पियो बोर्नविटा, यह मोरि सिखावन

शिवजी बैठे हुए हैं, शंख फूँक रहे हैं, सम्राट पानमसाले के गुटकेवाले का नया साल का कैलेंडर है। नए मिलेनियम में भी कैलेंडर पुरानी चाल के चल रहे हैं। शिवजी त्रिशूल लिए खड़े हुए हैं, शिवजी शंख फूँक रहे हैं, ये सारे फोटू गए मिलेनियम के कैलेंडरों में भी मिलते हैं। नए मिलेनियम के पहले कैलेंडर में कुछ नया होना चाहिए था, पर नहीं हुआ। वही सब पुराना मामला है।

मुझसे नहीं पूछा वरना मैं बताता कि शिवजी को नए रूप में दर्शाना चाहिए। सम्राट पानमसाले को घोषणा कर देनी चाहिए थी कि शिव नए मिलेनियम में भांग खाना छोड़कर सम्राट पानमसाला खाना शुरू कर चुके हैं। सम्राट पानमसाले का गुटका फाँकते हुए शिवजी का एक पोज दिखाया जाना चाहिए था। कौन कनफर्म करता। रानी मुखर्जी और करिश्मा कपूर कहती हैं कि उनकी सुन्दरता का राज लक्स में छिपा है, कौन कनफर्म करता है। मैंने कभी कनफर्म नहीं किया।

सम्राट पानमसालेवालों को इस स्थिति का फायदा नए मिलेनियम

के पहले कैलेंडर में उठाना चाहिए था। पर नहीं उठाया। इधर नए मिलेनियम के तमाम कैलेंडर देखें, साफ पता चलता है कि कैलेंडर के जरिए विज्ञापन करनेवालों में कल्पनाशीलता का अभाव है। नए मिलेनियम के कैलेंडर बिल्कुल नई चाल के होने चाहिए। नई तरह की बातें बताई जानी चाहिए।

बोर्नविटा के कैलेंडर में हनुमानजी के बाहर पोज दिखाए जाने चाहिए। एक पोज में हनुमानजी एक हाथ में बोर्नविटा का कप लेकर समुद्र पार कर रहे हैं। एक पोज में हनुमानजी एक हाथ में बोर्नविटा कप का लेकर सुरसा से फाइट कर रहे हैं। सुरसा बोर्नविटा को देखकर यह कह रही हैं—आज सुरन मोहि दीन्ह आहारा। नीचे कैप्शन में यह बताया जाना चाहिए कि सुरसा हनुमानजी के हाथ में बोर्नविटा को देखकर यह समझी थी कि आज देवताओं ने लिए मेरे आहार भेज दिया है। कैलेंडर के इस पोज में बोर्नविटावालों को यह स्पष्टीकरण देना चाहिए कि हनुमानजी से सुरसा की कोई व्यक्तिगत दुश्मनी नहीं थी। उनमें झगड़ा दरअसल बोर्नविटा की वजह से हुआ था। एक पोज होना चाहिए कि हनुमानजी बोर्नविटा की टी शर्ट पहनकर लंका के विभिन्न भवनों में आग लगा रहे हैं।

एक पोज होना चाहिए कि हनुमानजी रावण को चुनौती दे रहे हैं कि रावण तेरी खल बुद्धि यह नहीं समझ पा रही कि बोर्नविटा के प्रताप से तू मेरा कुछ नहीं बिगाड़ सकता। एक पोज में हनुमानजी रावण से कह रहे हैं—बिनती करऊं जोरि कर रावन, पियो बोर्नविटा यह मोरि सिखावन। हनुमानजी ने ऐसा कहा था या नहीं कहा था, कौन कनफर्म करेगा। सचिन की इनर्जी का राज बूस्टड्रिंक ही है, यह कौन कनफर्म करता है। हनुमानजी का मामला तो और भी जबर्दस्त है। कनफर्म करना और भी मुश्किल है। फिर पापुलरिटी में सचिन हनुमानजी के आसपास भी नहीं है। हनुमानजी के इस कैलेंडर की पहुँच बहुत व्यापक होगी। इस कैलेंडर को साल खत्म होने के बाद फेंका नहीं जाएगा। धर्मप्राण जनता इसके सारे पोजों को मढ़वाकर वहाँ रख देगी, जहाँ पूजा-पाठ के लिए देवी-देवताओं की तस्वीरें रखी जाती हैं। सचिन के बूस्टवाले पोस्टरों की लाइफ एकाध महीने से ज्यादा नहीं होती। पर हनुमान का यह बोर्नविटा कैलेंडर कालजयी हो सकता है। बोर्नविटावाले हनुमान के हाथों सचिन की पिटाई करवा सकते हैं।

बस कायदे का एक कैलेंडर चाहिए।

सुन्दरकांड का इस्तेमाल बोर्नविटावाले अपने विज्ञापन के लिए कर रहे हैं, यह आपत्ति कौन उठा सकता है।

सुन्दरकांड पर किसका कापीराइट है, भारत में यह तय होने में कई शताब्यिाँ लग जाएँगी। तब तक अमेरिकी सरकार यह साबित कर चुकी होगी कि तुलसीदास दरअसल न्यूयार्क में पैदा हुए एक अमेरिकी कवि थे, जिन्होंने सुन्दरकांड लास एंजेल्स में लिखा था। इसलिए बोर्नविटावाले उनकी कविता का इस्तेमाल अपने कैलेंडर में बगैर रायल्टी के भुगतान कर सकते हैं। तुलसीदास भारत में ही हुए थे, अमेरिकी सरकार के आगे यह कौन कनफर्म करेगा।

उधर कम्प्यूटर कम्पनीवाला एक और कैलेंडर दे गया है, जिसमें बिलगेट्स के तमाम तरह के फोटो हैं। मैं इस कैलेंडर को देखकर परेशान भी हूँ कि कैलेंडरों के बनानेवालों में कल्पनाशीलता का कितना अभाव है। भारत में कम्प्यूटर बेचना बिलगेट्स के बूते का काम नहीं है। मैं इस कम्प्यूटर कम्पनी के कैलेंडर में कृष्ण के बारह पोज बनाता। पुराने बांसुरी और गोचारणवाले नहीं। एक पोज में कृष्ण लैपटाप पर गीता टाइप कर रहे हैं, उधर अर्जुन महाभारत में अपने तीर-कमान रखकर कृष्ण के लिखे प्रिंट आउट एक प्रिंटर से ले रहे हैं। जिस लैपटाप पर कृष्ण टाइप कर रहे हैं, और जिस प्रिंटर पर अर्जुन प्रिंट आउट ले रहे हैं, वे उसी कम्पनी के हैं, जिस कम्पनी ने यह कैलेंडर निकाला है। कुछ पोज कृष्ण के उन प्रवचनों के होंगे, जिनमें वह बताएँगे कि इसी कम्प्यूटर कम्पनी के लैपटाप पर मैंने जरासंध को मारने की रणनीति बनाई थी। इसी कम्प्यूटर पर मैंने कालियानाग को मारने का ब्लूप्रिंट तैयार किया था। एक पोज में कृष्ण यह बता रहे हैं कि इस कम्पनी के लैपटाप बहुत इंटेलीजेंट हैं...

एक जिज्ञासु आशंका व्यक्त कर रहा है कि पब्लिक इन्हें सच मानने से इन्कार न कर दे, तो मैं उससे पूछ रहा हूँ कि महाभारत में कृष्ण के रथ पर चलनेवाले प्रवचन का कैलेंडर सच है और यह लैपटापवाला कैलेंडर गलत है, यह कनफर्म कौन करेगा !

जिज्ञासु निरुत्तर है।

सुन्दरी प्रधान अर्थव्यवस्था

सर, चाय, गन्ना, रबर, हैंडीक्राफ्ट के अलावा भारत में सुन्दरियों का उत्पादन भी बहुतायत से होता है—अर्थशास्त्र की क्लास में एक छात्र जवाब दे रहा है।

छात्र का जनरल नालेज बहुत दुरुस्त है। जो बातें अर्थशास्त्र की किताबों में नहीं लिखी हैं, वो भी इस छात्र को पता है। किताबों में सिर्फ यह बताया जाता है कि भारत चाय, रबर, हैंडीक्राफ्ट आदि के उत्पादन के मामले में अग्रणी देश है।

अब अर्थशास्त्र की किताबों को रिवाइज करना पड़ेगा। बताना पड़ेगा कि विश्व सुन्दरियों के निर्माण में भी भारत अग्रणी देश है। भारत की अर्थव्यवस्था विकासशील है। गन्ने, चाय से विकास करते-करते सुन्दरी पर पहुँच गई है। कृषि प्रधान होते-होते सुन्दरी प्रधान हो गई है। विकास चकाचक चल रहा है।

पर भारत में बिजली की ज्यादा जरूरत है या सुन्दरियों की। जिसकी जरूरत है, उसका निर्माण हो नहीं पा रहा है। भारत की

अर्थव्यवस्था को अब बिजली प्रधान होना चाहिए या सुन्दरी प्रधान—

एक जिज्ञासु सवाल पूछ रहा है।

यह जिज्ञासु अर्थशास्त्र नहीं समझता। सुन्दरी प्रधान अर्थव्यवस्था की सुन्दरता नहीं समझता। बिजली और अँधेरे में ही डूबा हुआ है। सुन्दरी की डिमांड और बिजली की डिमांड में फरक नहीं करता। सुन्दरी की भारी डिमांड है। सुन्दरी का एक्सपोर्ट मार्केट भी है।

सर, सुन्दरी अर्थव्यवस्था और औद्योगिक विकास के लिए बहुत आवश्यक है। बिना सुन्दरी के किसी अर्थव्यवस्था, किसी उद्योग, किसी राष्ट्र का विकास नहीं हो सकता। बिजली के बगैर कई उद्योग चल रहे हैं। बिजली न हो, तो जनरेटर का सहारा है। पर सुन्दरी न हो, तो औद्योगिक विकास अवरुद्ध हो जाएगा। साबुन बेचने के लिए सुन्दरी चाहिए। वाशिंग पाउडर बेचने के लिए सुन्दरी चाहिए। टूथपेस्ट बेचने के लिए सुन्दरी चाहिए। टूथब्रश बेचने के लिए सुन्दरी चाहिए। चाय बेचने के लिए सुन्दरी चाहिए। कॉफी बेचने के लिए सुन्दरी चाहिए। तौलिया बेचने के लिए सुन्दरी चाहिए। शैम्पू बेचने के लिए सुन्दरी चाहिए। तेल बेचने के लिए सुन्दरी चाहिए। टी-शर्ट बेचने के लिए सुन्दरी चाहिए। जीन्स बेचने के लिए सुन्दरी चाहिए। पानमसाला बेचने के लिए सुन्दरी चाहिए। गरममसाला बेचने के लिए सुन्दरी चाहिए। नमक बेचने के लिए सुन्दरी चाहिए। टायर बेचने के लिए सुन्दरी चाहिए। कम्प्यूटर बेचने के लिए भी सुन्दरी चाहिए। टीवी बेचने के लिए सुन्दरी चाहिए। फ्रिज बेचने के लिए सुन्दरी चाहिए...'

वही छात्र सौन्दर्य आधारित अर्थव्यवस्था के बारे में बता रहा है।

अब मेरे भी ज्ञान-चक्षु खुल रहे हैं। सुन्दरी की अर्थव्यवस्था में कितनी अहमियत है, यह बात मुझे अब समझ में आ रही है। किसी भी आइटम को देखो, सुन्दरी नजर आती है। सुन्दरी के बगैर कोई आइटम नहीं बिक रहा है। अगर सुन्दरियों को हटा लिया जाए, तो सारे आइटमों की सेल ठप्प हो जाएगी।

सुन्दरियों की कृपा पर ही आइटम बिक रहे हैं। बेचनेवालों की ही वैल्यू है। एक जमाने में उद्योगों में इंजीनियरों की बहुत वैल्यू हुआ करती थी। तब बनाने का काम खास हुआ करता था। अब बेचने का काम खास है, सो सुन्दरियों की वैल्यू है। सुन्दरियाँ अब इंजीनियरों

पर भारी हैं। सुन्दरियाँ अब सब पर भारी हैं। सुन्दरियाँ ही उद्योग चला रही हैं। सुन्दरियाँ ही अर्थव्यवस्था चला रही है। सर, देश को पिछड़ा इसलिए कहा जाता है कि सुन्दरियों का सही इस्तेमाल नहीं किया जा रहा है। वर्ल्ड ट्रेड आर्गनाइजेशन में जाकर अब हमें कहना चाहिए कि अब हमारे देश को विकसित देश घोषित किया जाना चाहिए। इतनी विश्व सुन्दरियों के उत्पादन के बाद हमें विकसित मान ही लिया जाना चाहिए। यह घोषणा हो जानी चाहिए कि जिस राज्य में विश्व सुन्दरी का उत्पादन होगा, उस राज्य को केन्द्र से विशेष अनुदान मिलना चाहिए। ताकि सुन्दरियों के उत्पादन को बढ़ावा मिल सके। गरीबी रेखा के बजाय अब सुन्दरी रेखा की बात होनी चाहिए। जिस राज्य से दो सुन्दरियों का निर्माण हो जाए, उसे सुन्दरी रेखा से ऊपर घोषित कर दिया जाना चाहिए। जो राज्य सुन्दरियों का उत्पादन न कर पाएँ, उन पर फाइन लगा देना चाहिए। देश को सुन्दरी रेखा से ऊपर उठाने में जिन राज्यों को योगदान नहीं है, उन राज्यों को राष्ट्र विरोधी घोषित कर दिया जाना चाहिए—

वही छात्र मुझे नया अर्थशास्त्र पढ़ा रहा है।

सैल्यूलर उर्फ हैंगर

पतन के बहुत दौर देखे, पर जैसा पतन सैल्यूलर का हुआ है, वैसा किसी का नहीं हुआ, चाय के खोमचेवाला भी सैल्यूलर पर अपने छोकरों को इंस्ट्रक्शन देता है कि वहाँ से भी कप बटोर लाना–

एक स्टेटसवान झींक रहा है।

इधर सैल्यूलर का जो हश्र हुआ है, उस पर वो स्टेटसवान बहुत परेशान हैं, जिन्होंने अपने स्टेटस को सैल्यूलर पर टांग रखा था। कई हैं, जिन्होंने सैल्यूलर को अपने स्टेटस का हैंगर माना था। अब दुःखी हैं, चाय पिलानेवाले छोकरे इस हैंगर पर अपना फटा हुआ कच्छा टाँगते हैं। तकलीफ होती है। बहुत पहले पेजर का यही हाल हुआ था।

इधर स्टेटसवान लोगों की परेशानी बड़ी भारी है। जिस हैंगर पर भी अपना स्टेटस टांगते हैं, कुछ दिन बात पता लगता है कि कई चिरकुट उसी पर लटके हुए हैं। पहले मारुति 800 के हैंगर पर अपना स्टेटस टांगकर स्टेटसवान समझते थे कि स्टेटस बिल्कुल सुरक्षित है, और लोग वहाँ तक पहुँच नहीं पाएँगे। पर इधर मारुति 800 के हैंगर

पर हर तरह के चिरकुट टँगने लगे हैं।

स्टेटसवान फिर परेशानी में हैं। क्या करें ! इधर स्टेटस का हाल भी शेयर बाजार की तरह का हो गया है। कोई भरोसा नहीं। पहले जिसके पास टीवी होता था, उसका स्टेटस कई साल तक उसके ऐंटीना की ऊँचाई पर जाकर सुरक्षित हो जाता था। मुहल्ले के बाकी लोग, अधिकांश लोग वहाँ पहुँच ही नहीं पाते थे। स्टेटस बहुत साल तक अक्षुण बना रहता था। अब मामला बहुत खतरनाक है।

मिसेज गुप्ता 51 इंच के टीवी पर अपना स्टेटस टांगने की घोषणा करती ही हैं कि मिसेज सक्सेना बताती हैं कि कल वह 101 इंच का टीवी लेकर आ रही हैं। स्टेटस इतना क्षणभंगुर कभी नहीं था। मारुति 800 के कर्ज की किस्त भी नहीं चुक पाती कि स्टेटस को धराशायी करती हुई तमाम नई कारें पड़ोस में आ जाती है।

स्टेटस का जीवन कर्जों की किस्तों के जीवन के मुकाबले चौथाई भी नहीं रह गया है। स्टेटसवान बहुत करुण स्थिति में हैं। पर अच्छा हुआ है, मेरे जैसे स्टेटसविहीनों की जिन्दगी थोड़ी आसान हो गई है, वरना रोज किसी न किसी स्टेटसवान से सुनना पड़ता था कि हमारे 51 इंची टीवी में 86812969 चैनल आते हैं। उसमें मंगल ग्रह के फैशन शो भी आते हैं। हमारी कार में लगा स्टीरियो बहुत चकाचक है, उसकी आवाज इतनी जोरदार है कि लगता है, भूकम्प आ गया। हमारा सैल्यूलर बहुत महंगा है–20लाख रुपए का है–इतना छोटा है कि चाकलेट जैसा लगता है।

नए माहौल में आत्मरक्षा करना बहुत आसान हो जाता है। अब जब कोई स्टेटसवान मुझ पर सेंट्रो से आक्रमण करता है, तो मैं कह देता हूँ, अभी खबर मिली है कि चीन से ऐसी सेन्ट्रो कार आनेवाली हैं जो आठ हजार रुपए की पड़ेगी। सेन्ट्रो पर स्टेटस टाँगनेवाला उदास हो जाता है।

जैसे ही कोई स्टेटसवान मुझ पर अपने पचास हजार के सैल्यूलर से आक्रमण करता है, मैं प्रतिरक्षा में बताता हूँ कि अब सिर्फ एक हजार रुपए में ऐसा सैल्यूलर आनेवाला है, जिसमें आपकी आवाज अपने आप करिश्मा कपूर की आवाज में बदल जाएगी। सैल्यूलर आधारित स्टेटसवाला बहुत उदास हो जाता है।

सैल्यूलर और कार पर स्टेटस टांगनेवाला इधर टेक्नोलॉजी के

हल्ले में इस कदर बदहवास हो चले हैं कि उनसे कुछ भी कह दो, सच मान लेते हैं। इधर मैंने बहुत विकट किस्म के सैल्यूलर से आत्मरक्षा यह कहकर की है कि कैलिफोर्निया जर्नल ऑफ इलेक्ट्रानिक्स में छपा है कि बहुत जल्दी ऐसा सैल्यूलर बाजार में आनेवाला है, जिसमें आदमी को चिप बनाकर आगरा से ई-मेल कर दो, तो आदमी प्रिंट आउट बनकर न्यूयार्क में निकलेगा। मैं डर रहा था कि पकड़ लिया जाऊँगा। पर मैंने देखा कि विकट सैल्यूलरधारी उदास हो गया है। वह कहने लगा कि जब भी वह सैल्यूलर आए, तो मुझे भी बताना, मैं टच में रहूँगा।

ज्ञान इतनी बड़ी शक्ति है, इस बात का अहसास तो मुझे था। पर झूठ-मूठ का ज्ञान बदहवास स्टेटसवानों के बीच कितनी बड़ी शक्ति के तौर पर काम कर सकता है, इस बात का अहसास मुझे उस दिन हुआ। अब मैं नहीं डरता। किसी स्टेटसवान से खौफ नहीं खाता।

यहाँ की पब्लिक का हिसाब-किताब समझ में नहीं आता, पब्लिक सैल्यूलर तो खरीद रही है, पर उस पर बात नहीं करती। कोई कमाई नहीं हो रही है।

सैल्यूलर सेवाएँ देनेवाले झींक रहे हैं। भारतीय बाजार को नहीं समझ पा रहे हैं। सैल्यूलर बाजार में असली कमाई वे लोग कर सकते हैं, जो पचास रुपए कीमत में सचमुच जैसा दिखनेवाला खिलौना सैल्यूलर बनाएँ, जिसमें हर पाँच मिनट के बाद झूठ-मूठ की रिंग बजे। सैल्यूलर का यह वाला मॉडल ही सबसे ज्यादा चलेगा।

ऐसा क्यों—एक सैल्यूलरवाला पूछ रहा है।

हैंगर के इससे ज्यादा पैसे कौन देगा—

मुझे समझ में नहीं आ रहा है कि यह जवाब देनेवाला हैंगरों का एक्सपर्ट है या सैल्यूलर सेवा का।

श्यामबाबा का अमेरिकी पेटेंट

बहुत जोरदार विज्ञापन है—श्री काँची कामकोटि पीठम्, श्री श्याम मन्दिर सेवा समिति का विज्ञापन बताता है कि आगामी शुक्रवार 19 नवम्बर को श्याम जन्मोत्सव मनाया जाएगा, श्यामबाबा के जन्मदिन की खुशी में रात को बारह बजे विशाल केक काटा जाएगा। श्यामबाबा भी केक पर आ गए ! यह देखकर मुझे ग्लोबलाइजेशन का जलवा समझ में आ रहा है। जब ग्लोबलाइजेशन में आप नत्थू हलवाई के चिरकुट समोसे से उठकर विम्पी और मैकडोनाल्ड के बर्गर तक आ सकते हैं, तो श्यामबाबा शताब्दियों पुरानी कलाकन्द छोड़कर मैकडोनाल्ड के केक पर क्यों नहीं आ सकते—जाल साहब मुझसे सवाल पूछ रहे हैं। जाल साहब के सवाल में बहुत दम है। ग्लोबलाइजेशन श्यामबाबा तक क्यों न पहुँचे। पहुँचना चाहिए। श्यामाबाबा सबको बाँटते ही रहे क्या ! उन्हें भी नए जमाने के हिसाब से कुछ मिलना चाहिए। श्याम मन्दिर सेवा समिति अब नौजवानों के हाथों में आ गई है। नौजवान नए जमाने के हिसाब से श्यामबाबा की बर्थ डे मना रहे हैं। बर्थडे पर सत्यनारायण

की कथा पुराने जमाने की बात है, नए जमाने में केक काटा जाता है। ग्लोबलाइजेशन के भविष्य के प्रति मैं आश्वस्त हो गया हूँ। श्यामबाबा भी जिसकी पकड़ में आ गए, उसकी पकड़ से अब क्या बचा। बड़े जोरदार सीन नजर आ रहे हैं मुझे। नौजवानों ने श्याम बाबा को जीन्स पहना दी है। बर्ड-डे पर अमेरिका से इम्पोर्ट करके टी-शर्ट गिफ्ट में दी है। श्यामबाबा के हाथ से बांसुरी हटाकर एकदम लेटेस्ट मॉडल का अमेरिकी गिटार रख दिया है। श्यामबाबा की कलाई के आभूषणों को हटाकर स्विस घड़ी रख दी है। गले के आभूषणों को हटाकर लेटेस्ट डिजाइन के इथनिक आभूषण पहना दिए हैं। आँखों पर रे-बेन या चै-खेन का इम्पार्टेड चश्मा बतौर गिफ्ट रख दिया गया है। नए नौजवानों को बुरा लग रहा है कि अमेरिकी फिल्मों का हीरो गोरा होता है, पर श्याम काले क्यों। सिलवेस्टर क्लार्क का फोटो देकर श्यामबाबा का नया संस्करण तैयार करवाया गया है। बाजार में कोक और पेप्सी को आए हुए इतने साल हो गए, पर श्यामबाबा के भोग में पेप्सी और कोक अब तक शामिल क्यों नहीं की गई, नौजवान समिति इस बात का भी बुरा मान रही है।

मुझे और जोरदार सीन नजर आ रहा है। नए जमाने की चाल के हिसाब से श्यामबाबा के बर्थ-डे पर वीजे और डीजे बुलाए गए हैं। जावेद जाफरी के नेतृत्व में भक्तगण झूम रहे हैं। जावेद जाफरी भागवत को अपने अन्दाज में सुना रहे हैं। ओ रीयली, वंडरफुल, ओ गाड जैसी ध्वनियों का उच्चारण हो रहा है।

मुझे और भी जोरदार सीन नजर आ रहा है। श्यामबाबा के भक्तों की अखिल भारतीय समिति ने माइकेल जैक्सन को बुलाया है। माइकेल जैक्सन कुछ गा रहे हैं। जिसे नौजवान भक्त समिति भागवत की व्याख्या बता रही है। कचहरी घाट का एक बूढ़ा कह रहा है—कछु समझ ना आ रही । नौजवान भक्त समिति बता रही है कि भागवत को समझना, श्यामबाबा को समझना हँसी-खेल है क्या ! मुझे और जोरदार सीन नजर आ रहा है। श्यामबाबा की कथा में बताया जा रहा है कि श्याम वाटर स्पोर्टस में बहुत दिलचस्पी लेते थे। अप्पू-घर वाटर स्पोर्टस और इजेल वाटर पार्क में नियमित जाकर वाटर स्पोर्ट खेलते थे। भागवत पुराण में इसका जिक्र मिलता है। कथा व्यास बता रहा है कि श्यामबाबा की बर्थ-डे सही तरीके से मनाने के लिए

आवश्यक है कि उनके द्वारा किए गए कामों के प्रति सम्मान दिखाया जाए। इजेल वाटर पार्क और अप्पू-घर वाटर स्पोर्टस का मेम्बर बना जाए। इसके लिए सिर्फ 20000 रुपए सालाना खर्च किए जाएँ। मुझे यह भी दिखाई दे रहा है कि भागवत कथा का यह संस्करण अप्पू-घर वाटर स्पोर्टस और इजेल वाटर पार्कवालों ने मिलकर स्पांसर किया है मुझे और जोरदार सीन दिखाई दे रहा है। श्यामबाबा की कथा में बताया जा रहा है कि श्यामबाबा कम्पलीट मैन थे। रेमंड के कपड़े ही पहनते थे। कथा व्यास बता रहा है कि श्यामबाबा को ही तमाम कलाओं में निपुण पूर्ण पुरुष माना गया है। श्यामबाबा जितनी तरह की कलाओं में पारंगत थे, उतनी कलाओं में पारंगत वही हो सकता है, जो कम्पलीट मैन हो। इसलिए यह साफ होता है कि श्यामबाबा रेमंड का ही इस्तेमाल करते थे। इस बात के प्रमाण भागवत में मिलते हैं। मुझे यह भी दिखाई दे रहा है कि भागवत कथा का यह संस्करण रेमंडवालों ने स्पॉन्सर किया है।

मुझे दिखाई दे रहा है कि श्यामबाबा के मन्दिर के ऊपर कोक, पेप्सी, मैकडोनाल्ड, रेमंड, बिसलेरी, रे-बैन, ली, लेविस, जावेद जाफरी, विम्पी, डिम्पी के बोर्ड लगे हुए हैं।

मुझे जोरदार सीन यह दिखाई दे रहा है कि नत्थू शापिंग प्लाजा के ऊपर लगे साइन बोर्डों और श्यामबाबा के मन्दिर के ऊपर लगे साइन बोर्डों में फर्क बहुत कम है। बस फर्क यह है कि श्यामबाबा के मन्दिर के ऊपर लगे साइन बोर्डों की संख्या अधिक है।

सबसे जोरदार सीन मुझे दिखाई यह दे रहा है कि श्यामबाबा का पेटेंट अमेरिका में करा लिया गया है। उन्हें अमेरिकी इस आधार पर मान लिया गया है वह केक ग्रहण करते हैं। कोक, पेप्सी समेत तमाम अमेरिकी आइटमों का भोग स्वीकार करते हैं, इसलिए वह अमेरिकी ही हैं। उनकी पूजा करनेवाले हर भक्त को फी-पूजा सौ डालर अमेरिकी दूतावास में जमा करवाने पड़ेंगे।

इस सीन के बाद मुझे कुछ दिखाई नहीं दे रहा है।

एयरसन उर्फ पवनपुत्र हनुमान

अरे, यहाँ तो बच्चों को हिन्दी में डाँटते हैं और बता रहे थे कि इंगलिश मीडियम स्कूल है–

सेंट जोसेफ स्कूल के सामने एक परेशान माँ शिकायत कर रही है। मैडम ने उसके बच्चे को मूरख कहा, इडियट नहीं कहा। स्कूलवालों ने गलतबयानी की है। बताया था कि इंगलिश मीडियम स्कूल है, पर गालियों के मामले में हिन्दी पर उतर आते हैं।

शिकायत जायज है। पहले जितनी तैयारी करके लोग आईएएस हो जाते थे, आज उतनी तैयारी पर किसी कायदे के इंगलिश स्कूल की नर्सरी क्लास में एडमीशन मिलता है। फिर भी बच्चा अगर गालियाँ हिन्दी में खाए, तो शिकायत तो होगी।

मैंने कई लोगों को देखा है, वैसे अंगरेज बने रहते हैं, पर गालियों के मामले में एकदम स्वदेशी हो जाते हैं। लगता है कि अंग्रेजी भाषा में गालियों के सशक्तिकरण पर ज्यादा काम नहीं हुआ है। कई बार तो अंग्रेजी गालियाँ-गालियाँ लगती ही नहीं हैं। चुगद के आगे नानसेंस

कहाँ ठहरता है।

बास्टर्ड किसी कस्टर्ड का कोई ब्रांड लगता है। इसके मुकाबले हरामी का जलवा कितना जोरदार है। ब्रज की बहुत मारक गाली कढ़ी-खाए का विकल्प मैंने अंग्रेजी समेत तमाम भाषाओं में ढूँढ़ने की कोशिश की है, पर अभी तक नहीं मिला। कढ़ी-खाए का वैसे तो सरकारी अनुवाद पेस्ट्री-खाए या चिकन-खाए हो सकता है, पर इस पेस्ट्री और चिकन में वह बात नहीं है, जो कढ़ी में है।

गालियों के मामले में स्वदेशी की महिमा अभी बनी रहेगी। स्कूलवालों की समस्या कम नहीं है। मीडियम भले ही इंगलिश कर लो, पर पढ़ानेवाली तो कचहरी घाट की मिसेज चन्द्रलता ही होंगी। और आगे से लाएँगे स्कूलवाले तो सिविल लाइंस से मिस पारुल को ले आएँगे। मिसेज चन्द्रलता को तो पढ़ाने के लिए कचहरी घाट से बाहर लाया जा सकता है, पर जो कहचरी घाट उनके अन्दर है, उसे बाहर निकालना असम्भव है। चाहे, जो मीडियम लगा लो, जो अन्दर है, वही बाहर आएगा।

वैसे, रचनात्मकता के बड़े-बड़े धुरन्धरों का कहना है कि रचनात्मक कृतियों का अनुवाद सम्भव नहीं है। शेक्सपियर ब्रजभाषा में पढ़े जाएँ, तो क्या होगा। मर्चेंट आफ वेनिस में पोर्शिया अन्टोनियो से कहती सुनाई पड़ेंगी—तू कायकू परेसान है रह्यो है, मैं निपट लूंगी बा नासपीटे, कढ़ी-खाए सायलाक से। वेनिस का मर्चेंट छीपीटोले में पेठा बेचता दिखाई देगा। नीरज की कविता कारवाँ गुजर गया और गुबार देखते रहे का अनुवाद इस तरह से हो सकता है—दि केरेवां हेज लेफ्ट लीविंज बिहाइंड पाल्यूशन।

अंग्रेज पाल्यूशन की दूरबीन लगाकर ही सारी चीजों को देखता है। जिस पर जैसी दूरबीन है, वैसे ही हिसाब से चीजें देखेगा। इसलिए साहित्यिक कृतियों के अनुवाद अगर होते है, तो गुबार पाल्यूशन में बदल जाते हैं। रचनात्मक कृतियों का अनुवाद सम्भव नहीं है, इसलिए गालियों का अनुवाद सम्भव नहीं है। आखिर गाली साहित्य की ही वह विधा है, जिसे पर्याप्त सम्मान नहीं मिल पाया है। कोई नई असरदार कविता सुने हुए जिस तरह बरसों बीत जाते हैं, उसी तरह से कोई कायदे की नई गढ़ी हुई गाली सुने हुए भी बरसों बीत जाते हैं।

वैसे इधर तमाम देसी आइटमों को अंग्रेजी बनाने का काम तेजी

से चल रहा है। हाल में हनुमान चालीसा का अनुवाद अंग्रेजी में हुआ है और इंगलिशवालों में बहुत पॉपुलर हो रहा है। हनुमानजी अब इंगलिश मीडियमवाले हो गए। अभी कुछ दिन पहले मैंने दिल्ली के एक मन्दिर के बाहर पोस्टर देखा—हनुमानजी जयन्ती यानी हनुमानजी के जन्मदिन पर 51 किलो मावे का केक काटा जाएगा। सारे भक्तगण उपस्थित हों।

हनुमानजी के बर्डडे पर केक काटने से शुरूआत होगी, कुछ दिनों में उनके भक्तगण उनके जन्मदिन पर नाचने-गाने के लिए डीजे बुलाएँगे, जो सीधे-सीधे मेडौना और माइकेल जैक्सन के बर्थ-डे साँग गाएँगे। तब तमाम इंगलिशकांक्षी मांओं को तसल्ली हो जाएगी कि स्कूलवाले गलतबयानी नहीं करते, हनुमानजी को भी इंगलिश बना दिया गया है।

हनुमानजी के इंगलिश होने की कई कल्पनाएँ उमड़ रही हैं। पवनपुत्र हनुमान एयरसन हो जाएँगे। एयर के सन में कई स्पांसरों को बहुत स्कोप दिखाई पड़ सकता है। हनुमानजी एक साथ—बोर्नविटा, रेमंड, मदर डेयरी के विज्ञापनों के काम आ सकते हैं। हनुमानजी के इंगलिश होने का फायदा ब्रिलियेन्ट ट्यूटोरियलवाले यह कहकर उठा सकते हैं कि हनुमानजी को इंगलिश उन्होंने ही सिखाई है। स्पांसरों के हाथ हनुमानजी पड़ गए, तो कुछ भी हो सकता है।

मम्मी आज एयरसन की बर्थ-डे पार्टी में जाना है—

सेंटजोसेफ के सामने बच्चा माँ से कह रहा है। माँ के चेहरे की मुस्कुराहट बता रही है कि सेंट जोसेफवालों से उसे अब कोई शिकायत नहीं है।

ये सब क्रान्तियों के लक्षण हैं

हर बजट के बाद सैल्यूलर सस्ते क्यों हो जाते हैं–

बजट देखकर एक जिज्ञासु सवाल पूछ रहा है। क्योंकि देश को सैल्यूलर की जरूरत है। जिस चीज की जरूरत ज्यादा होती है, वह सस्ती हो जाती है–

जाल साहब एक्सपर्ट अन्दाज में जवाब दे रहे हैं। जिस चीज की ज्यादा जरूरत होती है, वह सस्ती हो जाती है। देश को सैल्यूलर फोनों की बहुत जरूरत है, इसलिए उन्हें सस्ता करना जरूरी है। सैल्यूलर फोन नहीं होंगे, तो सूचना क्रान्ति नहीं होगी, सूचना क्रान्ति नहीं होगी, तो सूचनाएँ नहीं होंगी। पब्लिक को पता कैसे चलेगा कि मार्केट में सेल के कितने ऑफर चल रहे हैं और कारों पर सबसे ज्यादा डिस्काउंट कौन सा डीलर दे रहा है। सूचनाएँ बहुत जरूरी है। उनके लिए क्रान्ति करनी पड़ती है। यह क्रान्ति बग़ैर सैल्यूलर के नहीं हो सकती है।

पर जरूरत तो मकानों और बिजली क़ी भी होती है, ये सस्ते क्यों नहीं होते–जिज्ञासु फिर पूछ रहा है।

सब चीजें सस्ती हो जाएँगी, तो फिर बजट को साफ्ट नहीं मान लिया जाएगा, वित्त मन्त्री चाहते हैं कि उनके बजट को हार्डबजट माना जाए—

जाल साहब फिर स्पष्टीकरण दे रहे हैं।

हार्डबजट क्या होता है

हार्डबजट वह होता है, जिसमें सैल्यूलर के भाव कम कर दिए जाएँ।

हार्डबजट वह होता है, जिसमें सरकार यह तय करे कि कुछ घटा उठाकर ही सही, सैल्यूलर क्रान्ति लानी है। क्लिंटन आनेवाले हैं, वो बिजली और मकान देखकर इम्प्रेस नहीं होंगे, उन्हें सैलूलर दिखाना जरूरी है। उन्हें कम्प्यूटर दिखाने जरूरी है। हार्डबजट वह होता है, जिसमें कम्प्यूटर सस्ते हो जाते हैं।

पर मकानों की जरूरत कम्प्यूटरों से कम नहीं है, वो सस्ते क्यों नहीं होते—

जिज्ञासु लगातार सवाल किए जा रहा है।

नहीं, ऐसा नहीं, है, लैपटाप कम्प्यूटर को कहीं भी चलाया जा सकता है, उसके लिए एक घर का होना जरूरी नहीं है। सैल्यूलर के साथ भी ऐसा है, उसे लगाने के लिए घर की जरूरत नहीं होती—

जाल साहब विस्तार से व्याख्या कर रहे हैं। मकान की जरूरत क्या है। पुरानी चाल के टेलीफोन को लगाने के लिए घर की जरूरत पड़ती थी, पुरानी चाल के कम्प्यूटरों को लगाने के लिए घर की जरूरत पड़ती है, सैल्यूलर, लैपटाप आदि के लिए मकान की जरूरत कहाँ है। सूचना क्रान्ति में सैल्यूलर की जरूरत है, मकान इसमें कहाँ से आ गए ! जिस चीज की जरूरत है, भाव उसके सस्ते होंगे। हार्डबजट वह होता है, जिसमें सैल्यूलर के भाव सस्ते हो जाएँ।

पर बगैर बिजली के कम्प्यूटर चलेंगे कैसे।

जिज्ञासु की बात में दम है। मेरे मुहल्ले के ज्यादातर घरों के कम्प्यूटर शो-पीस का काम करते हैं। इन कम्प्यूटरों को देखकर ऐसी क्रान्ति का पता चलता है, जो हो तो गई है, पर अब काम नहीं करती।

होगा, होगा, वह भी होगा। अगले बजट में जेनरेटर सस्ते किए जाएँगे। फिर जेनरेटर का पॉल्यूशन कम करनेवाली मशीनें सस्ती की जाएँगी। फिर पॉल्यूशन की मशीनों को खरीदने पर सब्सिडी दी जाएगी।

कुछ समय बाद इस सब्सिडी में कटौती कर दी जाएगी। फिर जेनरेटर खरीदने के लिए सब्सिडी दी जाएगी, फिर पॉल्यूशन की मशीन खरीदने के लिए सब्सिडी दी जाएगी...

जाल साहब विकासचक्र समझा रहे हैं।

नासमझों की समझ में नहीं आ रहा है। पुराने टाइप के विकासचक्र में पहले बिजली होती थी, फिर कम्प्यूटर होते थे। पुराने टाइप के विकासचक्र में पहले मकान होते थे, फिर टेलीफोन लगते थे। इधर मामला उलटा-पुलटा हो गया है। मकान से पहले उधारी की कार आ जाती है। मकान से पहले सैल्यूलर आ जाता है। बगैर बिजली के कम्प्यूटर आ जाता है। यह सब क्रान्तियों के लक्षण हैं। क्रान्तियों में छोटे-मोटे हिसाब नहीं देखे जाते। क्रम नहीं देखे जाते। अब जमाना क्रान्तियों का है। क्रान्ति के जमाने के हार्डबजट में सैल्यूलर के भाव सस्ते हो जाते हैं। पर इसके साथ अगर चीनी, गैस, आटा, चावल भी सस्ता हो जाता, तो कितना अच्छा रहता—

जिज्ञासु फिर अपनी राय व्यक्त कर रहा है।

शर्म नहीं आती, बड़ी-बड़ी क्रान्तियों के मामले में चीनी और गैस को घुसेड़ रहे हो। सोचो, राष्ट्र ने तुम्हें क्या दिया और तुम राष्ट्र को क्या दे रहे हो।

जाल साहब डाँट रहे हैं। मुझे समझ में आ रहा है। राष्ट्र ने मुझे सस्ता कम्प्यूटर दिया, सस्ता सैल्यूलर दिया, सस्ता इंटरनेट दिया। सोच रहा हूँ कि एक महीने के राशन का बजट सैल्यूलर पर लगा दूँ, सूचना क्रान्तिकारी बन जाऊँ। पर खाऊँगा क्या !

सूचनाओं को खाया क्यों नहीं जा सकता, अब मैं इस विषय पर गम्भीरता से विचार कर रहा हूँ।

पुण्य बनाम मैटिज कार

और सुनाइए, कैसे हैं, कैसे आना हुआ।

बस ऐसे ही–

–आगंतुक बता रहा है। आगंतुक शरमा भी रहा है, हल्का सा घबरा भी रहा है। संकोच मिश्रित परेशानी के भाव उसके चेहरे पर है। दोपहर के दो बजे पहली बार घर आनेवाला अगर कोई यह कहे कि ऐसे ही, तो हर समझदार आदमी के कान खड़े हो जाने चाहिए। ऐसे ही अब कुछ नहीं होता ! सूरज ऐसे ही नहीं रोशनी फेंकता। सूर्या रोशनी बल्बवालों का विज्ञापन करता है। गंगा ऐसे ही नहीं बहती, गंगा साबुनवालों की इश्तिहार करती है। हवा ऐसे ही नहीं बहती, पोलर के पंखों का विज्ञापन करती है। ऐसे ही इस धरती पर कुछ नहीं होता।

–और बताइए क्या चल रहा है।

–बस ऐसे ही।

अब मामला बोझिल होता जा रहा है।

आपके जीजाजी ने आपको नमस्कार कहलवाया है–

आगंतुक बता रहा है। अब मामला साफ है। अब यह सज्जन कहेंगे कि फलाँ सब्जैक्ट की कापियाँ आपके पास ही आई हैं। प्लीज देख लीजिए, मेरी बेटी का पेपर खराब हो गया था। बेटी का साल खराब हो गया, तो शादी नहीं होगी। लड़की के विवाह का सवाल है। कन्यादान में अब कोई योगदान माँगे, तो कोई भी भारतीय कैसे मना कर सकता है। हर साल तमाम कन्यादानों में मैं तरह-तरह का योगदान कर देता हूँ। पर इस तरह की सिफारिशें मुझे बिल्कुल अच्छी नहीं लगतीं। साफ पता लग जाता है कि सिफारिश लेकर आनेवाला बिल्कुल भी प्रोफेशनल नहीं है। प्रोफेशनल सिफारिश क्या होती है।

और कैसे हैं, कहिए कैसे आना हुआ।

बस, चकाचक। देख रहे हैं देश की हालत क्या हो रही है।

आगंतुक का बयान आत्मविश्वास से भरपूर है।

हाँ, वाकई हालत बिगड़ती जा रही है।

जी वही तो मैं कह रहा हूँ, कोई भी आदमी कायदे का शरीफ नहीं दिखाई देता, जो ईमानदारी से अपना काम कर रहा हो—

खैर बताइए, कैसे आना हुआ।

सब तरफ भारी गड़बड़ है। सुना है आपके बेटी का एडमीशन नहीं हो पाया, आपके मकान का एलाटमेंट नहीं हो पा रहा है। जिधर देखिए, कोई भी आदमी कायदे का शरीफ दिखाई नहीं देता, जो ईमानदारी से अपना काम कर रहा हो—

आगंतुक के बयान का आत्मविश्वास टाप गीयर में है। पूरा होम वर्क करके आया है।

जी बिल्कुल, आप ठीक कहते हैं—

आप चिन्ता मत कीजिए, आपके दोनों काम एक हफ्ते में हो जाएँगे। अब देखिए, समाज में व्याप्त इतनी बुराइयों से लड़ते-लड़ते ही मेरा समय बीत जाता है। इस चक्कर में मैं अपने बेटे की पढ़ाई पर ध्यान नहीं दे पाया। इसलिए इस साल उसका वो पेपर खराब हो गया—

जी जी—

अब बताइए देश कैसे आगे बढ़ेगा। मेरे बेटे के सत्तर परसेंट आने जरूरी है, वरना उसे अमेरिका में एडमीशन नहीं मिलेगा। देशहित में जरूरी है कि आप और हम सहयोग करें।

जी जी—

सिफारिश का सही तरीका यही है कि जिससे सिफारिश की जाए, वह सिर्फ जी जी के सिवाय कुछ न कह पाए। सिफारिश का सही तरीका यही है कि जिससे सिफारिश की जाए, वह पलटकर खुद पूछे कि मेरी बेटी के एडमीशन का और मकान के एलाटमेंट का क्या हुआ। सिफारिश का यह न्यूटन सिद्धान्त है, जिसके मुताबिक क्रिया की प्रतिक्रिया होना आवश्यक है। अगर आप किसी के बेटे का अमेरिका में एडमीशन आसान करते हैं, तो बदले में आपकी बेटी का एडमीशन भी आसान होना चाहिए। हर क्रिया की प्रतिक्रिया होती है, तब ही मामला वैज्ञानिक होता है। जो इन वैज्ञानिक सिद्धान्तों पर अमल नहीं करते, उन्हें ही दोपहर के दो बजे शरमाते हुए किसी के घर पर जाकर यह कहना पड़ता है—जीजाजी ने आपको नमस्कार भिजवाया है, कन्यादान में सहयोग दें।

वह गैस एजेंसी आप इनको दें, वाकई जरूरतमन्द हैं। दुआएँ देंगे। आपको पुण्य मिलेगा—

एक सिफारिशः संवाद चल रहा है।

पर दूसरी पार्टी गैस एजेंसी के बदले मुझे एक मैटिज कार देने के लिए कह रही है। आप बताइए मैटिज कार बड़ी या पुण्य।

सिफारिश का वैज्ञानिक न्यूटन सिद्धान्त कहता है कि उन्हीं चीजों पर ही भरोसा करना चाहिए, जिन्हें देखा हो।

उनके साथ मैटिज कार में बैठकर मैं वैज्ञानिक चिन्तन कर रहा हूँ—पुण्य से मैटिज कार कितनी बड़ी होती है।

आइए अन्धकार की तरफ चलें

प्रकाश से अन्धकार की ओर चलें, आइए नए मिलेनियम में अन्धकार की ओर बहुत जोरदारी से चलें—यह शुभकामना मुझे कल्लू जनरेटर कम्पनी ने भेजी है।

कल्लू मियाँ कुछ साल पहले एक खोमचे पर पान बेचते थे। अब जनरेटर बेचते हैं। शहर इतनी तेजी से प्रकाश से अन्धकार की ओर गया है कि जनरेटर का कारोबार करोड़ों की कमाईवाला हो गया है। कल्लू पनवाड़ी अब पब्लिक को अन्धकार से प्रकाश में लाने का कारोबार कर रहा है। पर हर साल तमाम शुभकामनाएँ भेजकर यह सुनिश्चित कर लेता है कि शहर में प्रकाश कम होता जाए और अन्धकार बढ़ता जाए।

तमसो मा ज्योतिर्गमयवाला फंडा अब आउटडेटेड हो गया है। अब मौज उनकी है, जो प्रकाश से अन्धकार की ओर चलने की शुभकामना करते हैं। जब अन्धकार आ जाता है, तो जनरेटर का चकाचक कारोबार करने लगते हैं। कल्लू जनरेटरवाले का फलता-फूलता

कारोबार यही साबित करता है।

कल्लू जनरेटरवाले की शुभकामनाओं में कितना दम है, यह मैं पिछले कई सालों से देख रहा हूँ। कई सालों से कई मित्र तमसो मा ज्योतिर्गमयवाली शुभकामनाओं का कार्ड भेज रहे हैं, पर अन्धकार से प्रकाश में जाने के बजाय लगातार मैं प्रकाश से अन्धकार में जा रहा हूँ। पहले दिन में पाँच घंटे बिजली आती थी, अब सिर्फ आधे घंटे आती है। प्रकाश लगातार कम होता जा रहा है। तमसो मा ज्योतिर्गमयवालों के कार्ड पिटते जा रहे हैं। कल्लू जनरेटरवाले कार्ड चकाचक जा रहे हैं।

जो पानी आप पीते हैं, उसमें 98765555363777777 प्रकार के कीटाणु घुले होते हैं। बस यह समझिए कि इस नाली में जो पानी बह रहा है, वाटर वर्क्सवाले उसे ही आपके नल के जरिए वापस भेज देते हैं। इस पानी से भैंस भी नहा ले तो उसे स्किन डिसीज हो जाए—यूरेकाफोर्ब्स वाटर प्यूरिफायरवाला बेचनेवाला नए साल के पहले ही दिन आकर बता रहा है कि जो जिसे हम सुजलाम् समझते हैं, वह नाली-जलाम् है और सिर्फ यूरेका फोर्ब्सवाले ही आपका उद्धार कर सकते हैं।

नए साल में उद्धार करवाने का कुछ डिस्काउंट मिलेगा। इधर उद्धार करने की शक्ति गंगा से शिफ्ट होकर यूरेकाफोर्ब्सवालों में आ गई है। मुझे समझ में आ रहा है कि सुजलाम् की शुभकामनाएँ यूरेकाफोर्ब्सवालों की शुभकामनाओं के आगे लगातार पिट रही है। यूरेकाफोर्ब्सवाले लगातार कामना करते हैं कि सारे शहरों के वाटर वर्क्स काम करना बन्द कर दें, आदमी के पीने के पानी से भैंस तक नहाने से इन्कार कर दे।

कई मित्र बरसों से बहुत कलात्मक शुभकामना कार्ड भेजते हैं, जिसमें मेरे शहर के सुजलाम्, सुफलाम् और शस्य श्यामला होने की कामना की जाती है। पर सुजलाम् की बात करनेवालों ने यूरेकाफोर्ब्सवालों का बिल्कुल खयाल नहीं रखा था।

जल सुजलाम् हो जाएगा, तो फिर यूरेकाफोर्ब्सवाले क्या करेंगे। जल को सुजलाम् करने की कामना अब शुभकामना का नहीं, कारोबार का विषय है। अपने शहर के जल के बारे में देखता हूँ कि पूरा शहर साल में कई बार धरने, जुलूस, प्रदर्शन करके इसके सुजलाम् होने की

कामना करता है। पर नहीं कर पाता है। सुजलाम् तब ही हो पाता है, जब यूरेका फोर्ब्स का प्यूरिफायर खरीदा जाए। सुजलाम्वालों की शुभकामनाएँ लगातार पिटती जा रही हैं, उधर यूरेकाफोर्ब्सवालों की शुभकामनाएँ चकाचक जा रही हैं।

जिस हवा में आप साँस लेते हैं, उसमें 87656778889667388898 प्रकार के कीटाणु हैं। आपके घर में आपके इतने दुश्मन मौजूद हैं, आपको पता नहीं है। आप पर हमेशा इतने कीटाणु हमला करते हैं। जितने सैनिक पाकिस्तान ने कारगिल पर हमला करने के लिए नहीं भेजे थे, उनसे कई करोड़ गुना कीटाणु आप पर हमेशा हमला किए रहते हैं।

अब यूरेका एयर प्यूरिफायरवाला मुझे डरा रहा है। यूरेकावाला यह बता रहा है कि मलयज शीतलाम् की शुभकामना करनेवाले फ्लाप हो गए हैं। इधर मलय पर उनका कब्जा हो गया है। उनकी शुभकामनाएँ क्या हैं, यह मैं अच्छी तरह से जानता हूँ।

ये कामना करते हैं कि जितनी बदबूदार हवा अब यमुना किनारे की है, उतनी ही बदबू भरी हवा शहर के हर घर में चले। मलयज शीतलाम्वाले पिट रहे हैं, यूरेकाफोर्ब्सवाले चकाचक जा रहे हैं। अब तो यूरेकावाले यह भी कहते हैं कि यूरेकावालों से पूछे बगैर जो सुजलाम् और मलयज शीतलाम् की बात करेगा, उस पर कापीराइट का मुकदमा ठोंक दिया जाएगा। यूरेकाफोर्ब्स के कालोबोरेशन के बगैर इस तरह की शुभकामनाएँ करने का हक किसी को नहीं है।

अब मुझे समझ में आ रहा है कि चार्चीज, आर्चीजवाले तुम्हारी याद आई, तुम्हें मिस किया, वाली कामनाओं से आगे क्यों नहीं बढ़ते हैं। सुजलाम् और मलयज शीतलाम् पर यूरेकावालों को कापीराइट का सम्मान करते हैं न।

अपने-अपने अमेरिका और अपने-अपने इथियोपिया

पर अपनी गिनती सिंगापुर में होगी या इथियोपिया में–

जाल साहब कनफ्यूज्ड हैं। इधर एक दिन में हजार के हिसाब से देशी-विदेशी अर्थशास्त्री आकर बताते हैं कि भारत इतना जोरदार देश है कि सिंगापुर और मलेशिया को टक्कर दे सकता है। अर्थशास्त्री बताते हैं कि भारत सिंगापुर से मुकाबला कर सकता है। भारत अमेरिका से मुकाबला करनेवाला है। इधर क्लिंटन के दौरे के बाद तो यह अर्थशास्त्रीय हल्ला बहुत जोर का हो गया है।

क्लिंटन के दौरे के बाद कई बार मैं भी सोचने लगा हूँ कि मैं सिंगापुरवालों की टक्कर में आ गया हूँ। कभी-कभी यह भी सोच लेता हूँ कि मेरा मुहल्ला लासएंजेल्स के मुहल्लों की टक्कर में आ गया है। इतने-इतने आँकड़ों के साथ अर्थशास्त्री बात कह रहे हैं, सच ही होगी। पर मेरे घर में सात दिन से पानी नहीं आ रहा है। अभी-अभी टीवी

पर बताया गया है कि—इथियोपिया में पानी का भारी संकट है, अकाल पड़नेवाला है।

क्या मैं इथियोपिया में हूँ ! मामला कनफ्यूजनवाला है। इतने विद्वान बता रहे हैं कि मैं सिंगापुरवालों से टक्कर ले रहा हूँ, पर खाली टोंटी बता रही है कि मामला विशुद्ध इथियोपियन है।

क्या मैं मोजाम्बिक में हूँ ! मेरे मुहल्ले में सात दिन से बिजली नहीं है। अखबार में खबर है कि—मोजाम्बिक में बिजली कई हफ्तों से गायब है। इतने विद्वान बता रहे हैं कि मैं मलेशिया में हूँ, पर अन्धेरा बता रहा है कि विशुद्ध मोजाम्बिक मामला है।

एक विद्वान अभी बताकर गया है जितने कम्प्यूटर भारत में है, उतने ग्रीनलैंड, फिनलैंड और आइसलैंड में मिलाकर भी नहीं होंगे। क्या मैं ग्रीनलैंडवालों से आगे हूँ। नहीं, मेरे घर के आगे चल रही सुअरों की पिकनिक से मामला साफ है, मैं बांग्लादेश में हूँ।

अनेकता में एकता इसे कहते हैं। ग्रीनलैंड, फिनलैंड, बांग्लादेश, मोजम्बिक, मलेशिया, इथियोपिया सब यहाँ है। जो कुछ भी कहीं हो सकता है, यहाँ है। जो कुछ भी कहीं नहीं हो सकता है, वो भी यहाँ है। कम्प्यूटर भी यहाँ हैं, अन्धेरा भी यहाँ है।

पर अपनी गिनती सिंगापुर में होगी या इथियोपिया में—

जाल साहब फिर पूछ रहे हैं।

यह बहुत जटिल सवाल है। जब जाल साहब सत्तासी रुपए वाला मैकडोनाल्ड का बर्गर खाते हैं, तो वह अमेरिका में होते हैं। जब सेंट्रो के लेटेस्ट मॉडल पर चलते हैं, तो कोरिया में होते हैं। जब वैगनआर में चलते हैं, तो जापान में होते हैं। जब लक्स इंटरनेशनल से नहाते हैं, तो लन्दन में होते हैं। जब कोक और पेप्सी पीते हैं, तो भी अमेरिका में होते हैं। मालरोड और सिविललाइंस पर चलते हैं, तो मलेशिया जैसे किसी मझोले देश में होते हैं।

पर जब कभी-कभार स्टेट रोडवेज की बस में चलना पड़ जाए, तो वह एकदम बांग्लादेश में आ जाते हैं। जब कभी ओरिजनल पानी पीना पड़ जाए तो इथियोपिया की स्थिति में होते हैं। बिना बिजलीवाली रात में मच्छरों से जूझना पड़ जाए, तो सीधे मोजाम्बिक पहुँच जाते हैं।

जाल साहब खुशकिस्मत हैं आप। बाहर की तो कम्पनियाँ

बहुराष्ट्रीय होती है। यहाँ तो आदमी ही बहुराष्ट्रीय हैं–

मच्छरों से जूझते हुए जाल साहब को मैं दिलासा देने की कोशिश कर रहा हूँ।

इथियोपिया, इथियोपियावाला ही हो सकता है। ग्रीनलैंड, ग्रीनलैंडवाला ही हो सकता है। जाल साहब एक साथ एक ही दिन में अमेरिका से लेकर मोजाम्बिक तक के हो सकते हैं। बहुराष्ट्रीय आदमी और किसे कहते हैं।

पर हम कितने प्रतिशत इथियोपियावाले हैं और कितने प्रतिशत सिंगापुरवाले हैं–

एक जिज्ञासु बहुत जोरदार सवाल पूछ रहा है।

यह प्रश्न गणित का है, या अर्थशास्त्र का, या राजनीति शास्त्र का, मैं यह समझने की कोशिश कर रहा हूँ।

शाहरूख खान, सचिन तेन्दुलकर, सुखराम जैसे शत-प्रतिशत अमेरिका में हैं। जाल साहब जैसे लोग पचास फीसदी अमेरिका में हैं। चन्द्रबाबू नायडू 75 प्रतिशत अमेरिका में हैं। लालू यादव अस्सी प्रतिशत अमेरिका में हैं। जैसी जिसकी हैसियत है, उसी हिसाब से वह अमेरिकावाला हो जाता है।

अमेरिका सिर्फ देश का नाम नहीं है। अमेरिका से बाहर भी अमेरिका में होते हैं और इथियोपिया से बाहर भी इथियोपिया में होते हैं।

आपको किस देश में गिना जाएगा ?

एक जिज्ञासु मुझसे सवाल पूछ रहा है।

मैं पचास फीसदी इथियोपिया का हूँ और पचास फीसदी मोजाम्बिक का–

मेरे जवाब में कोई गलती है क्या ?

मध्ययुगीन सोशलाइट

इतिहास पढ़ानेवाले एक मित्र बताते हैं, अब जब वह अपने लेक्चर में "मध्ययुगीन बर्बरता" शब्द का प्रयोग करते हैं, तो छात्र उखड़ जाते हैं। बर्बरता अब मध्ययुगीन नहीं रही। बर्बरता अब आधुनिक हो गई है। तालिबानों के हाथों बुद्ध जिस तरह से टूटे रहे हैं, उसे देखकर लगता है कि बर्बरता बिल्कुल आधुनिक है। या कहा जाए कि उत्तर-आधुनिक है। शब्दों के मतलब इधर इतने घपलेवाले हो गए हैं कि सब कुछ उलट-पलट गया है। कुछ भी समझ में नहीं आ रहा है।

बर्बरता को सिर्फ मध्ययुगीन ही क्यों माना जाए, यह बात टूटे हुए बुद्ध देखकर समझ में नहीं आती है। अब उत्तर-आधुनिक बर्बरता क्यों नहीं पढ़ाई जानी चाहिए ! और भी कई शब्द हैं, जो बाउंसर की तरह सिर के ऊपर से निकल जाते हैं। एक शब्द है सोशलाइट। इस शब्द का आशय क्या है, यह कई डिक्शनरियों को देखकर भी साफ नहीं होता।

लोग सोशल होते हैं, एंटी-सोशल होते हैं, पर सोशलाइट का क्या मतलब है, यह बात कई पुरानी डिक्शनरियाँ देखकर समझ में नहीं आती। सोशलाइट शब्द का आशय शब्दों में उपलब्ध नहीं है, पर कई सप्लीमेंटों के साथ निकलनेवाले अखबारों में छपे फोटो को देखकर सोशलाइट शब्द का जो आशय समझ में आता है, उसके मुताबिक सोशलाइट वह है, जो रोज शाम को दारु पीने के लिए किसी पार्टी में जाता है।

इन फोटोग्राफों के मुताबिक लेडी सोशलाइट को ठंड बिल्कुल नहीं लगती, क्योंकि उसके शरीर पर कपड़े पर्याप्त से कम होते हैं। वैसे पर्याप्त से कम कपड़े कई भिखारियों के शरीर पर भी होते हैं। पर उन्हें सोशलाइट नहीं कहा जाता। सोशलाइट के पास कपड़े कम होते हैं, इसका आशय यह नहीं है कि हर कम कपड़ेवाले को सोशलाइट मान लिया जाए। सोशलाइट कहलाए जाने के लिए जरूरी है कि पर्याप्त से कम कपड़े स्वेच्छा से पहने जाएँ। आर्थिक दबाव की वजह से कम कपड़े पहननेवाले भिखारियों की श्रेणी में आते हैं। स्वेच्छा से कम कपड़े पहनकर पार्टी में जानेवाले सोशलाइटों की श्रेणी में आते हैं। अखबारों में छपे रंगीन फोटोग्राफों और रिपोर्टों से यह भी साफ होता है कि सोशलाइट समाज के बारे में बहुत चिन्तित रहता है।

सोशलाइट जब सूखा होता है, तो फटी धरती की डिजाइनवाला कुरता पहनकर पार्टी में जाता है। सोशलाइट भूकम्प के बाद अपनी संवेदना को दारू में डुबाकर पीता दिखाई देता है। सोशलाइट हर बात पर बहुत ही कन्सर्न होता है, इसलिए उसकी फोटो अखबारों में छपती है। कन्सर्न करनेवाले सारे सोशलाइट नहीं होते, इसलिए उनकी फोटो अखबारों में नहीं छपती। इस कहानी से हमें यह शिक्षा मिलती है कि अखबारों में फोटो छपवाने के लिए सिर्फ कन्सर्न जरूरी नहीं, इसके लिए सोशलाइट होना आवश्यक है।

बगैर सोशलाइट हुए कन्सर्न की, तो क्या, नहीं की तो क्या। इधर एक और घपला हो रहा है। कुछ लोगों का परिचय बतौर डॉक्टर दिया जाता है, कुछ लोगों का परिचय बतौर पत्रकार दिया जाता है, पर कुछ लोगों का परिचय बतौर सोशलाइट दिया जाता है। इससे यह साफ होता है कि सोशलाइट शब्द किसी प्रोफेशन से सम्बन्ध रखता है। कुछ लोग पत्रकार होते हैं, कुछ लोग सोशलाइट होते हैं।

अन्य शब्दों में कहें, तो इससे यह पता लगता है कि सोशलाइट बाकायदा एक प्रोफेशनल होता है। एक प्रोफेशनल को बहुत मेहनत करनी पड़ती है। मुंबई की एक लेखिका के मुताबिक कुछ लोग सिर्फ प्रसिद्ध होने के लिए प्रसिद्ध होते हैं। कायदे के सोशलाइट को प्रसिद्ध होना पड़ता है, किस बात के लिए, प्रसिद्ध होने के लिए। यह इस प्रोफेशन का सबसे मुश्किल काम होता है। एक डॉक्टर प्रसिद्ध होता है, अपने इलाज के स्तर के लिए। एक लेखक प्रसिद्ध होता है, अपने लेखन के लिए। पर सोशलाइट प्रसिद्ध होता है सोशलाइट होने के लिए। बाकी प्रोफेशनलों को काफी कुछ करना पड़ता है प्रसिद्ध होने के लिए, पर सोशलाइट का सिर्फ सोशलाइट होना ही काफी है।

कभी सोचता हूँ कि अगर तमाम अखबारों के रंगीन सप्लीमेंट न होते, तो फिर सोशलाइटों का क्या होता। सिर्फ प्रसिद्ध होने के लिए भी प्रसिद्ध वे कैसे हो पाते। असल में सवाल उलटा है। अगर सोशलाइट नहीं होते, तो तमाम अखबारों का क्या होता। सोशलाइट हैं, तो अखबार हैं। सोशलाइटों से इधर के अखबार चलते हैं, सोशलाइट अखबार के सहारे नहीं चलते। इधर मैं चिन्तित होने लगा हूँ कि जो महापुरुष सोशलाइट नहीं रहे हैं, उन्हें महान कैसे माना जा सकता है।

मुझे भविष्य का इतिहास दिखाई दे रहा है—महात्मा गाँधी इसलिए महान थे कि वो बहुत सोशलाइट थे। सारे अखबारों में उनकी तस्वीर छपा करती थी। उन्हें इथनिक ड्रेस में रहना बहुत अच्छा लगता था, इसलिए वे बहुत थ्रिलिंग लगते थे...

अफेयर पेंटियम टू और पेंटियम फोर का

बहुत परेशान हूँ। कुछ अनहोनी की आशंका है। लक्षण सही नहीं हैं। बिजली लगातार चार दिन से आ रही है। ऐसे लक्षण कभी नहीं दिखाई दिए। बहुत ही दुर्लभ किस्म के लक्षण हैं। बहुत विकट किस्म के क्षण हैं। पंडितों का यह मानना है कि जिन घटनाओं के घटने की उम्मीद न हो और वे घटने लगें, तो माना जाना चाहिए कि कुछ अघटित घटित होनेवाला है। बिजली चार दिन से लगातार आ रही है, कुछ अघटित होकर रहेगा।

बहुत परेशान हूँ। मेरी चिन्तन ऊर्जा का तीन-चौथाई हिस्सा बिजली में ही उलझा रहता था। बिजली ने चेतना का कितना हिस्सा घेर रखा था। यह अब पता चल रहा है। अब क्या करूँ ! दुःखों के अपने सुख होते हैं। चिन्ता की अपनी निश्चिंतता होती है। बिजली जाती, तो मैं अपने पड़ोसी के साथ एक घंटे तक उस पर इत्मीनान से चर्चा कर सकता था। साले बदमाश, बिजलीवाले भ्रष्ट हैं। पैसा खाते हैं। बिजलीघर कंगाल है, पर बिजली का जूनियर इंजीनियर

मालामाल है। देखो, उस विधायक के घर आ रही है, हमारे यहाँ नहीं आ रही है। एक घंटा इसमें निकल जाता था। अब क्या करें।

दूसरों को गरियाने के मौके कम हो जाते हैं, तो बड़ी भारी परेशानी का सामना करना पड़ता है। हाँ, गरियाने जितना ही आनन्द है अफेयर चर्चा में। मेरे एक साथी के दफ्तर में कम्प्यूटरीकरण हुआ, तो उसके छह लोगों के विभाग में वह अकेला रह गया। उसका काम आसान हो गया है, पर अब परेशान रहता है। जब छह थे, तो शालिनी और नवीन के अफेयर के नवीन आयाम—विषय पर विचार गोष्ठी पाँच घंटे तक खिंचती थी। अब क्या करें, कम्प्यूटर इतने समझदार नहीं हुए हैं कि इस चर्चा में योगदान दें। मैंने उसे सलाह दी है कि पेंटियम टू को शालिनी मान ले और पेंटियम फोर को नवीन मान ले तो चर्चा चला दे कि एक खूसट और नौजवान के बीच अफेयर चल रहा है।

इतनी ऊर्जा, कहाँ जाए। कहाँ उलझे। बिजली में उलझ लेती है। नवीन और शालिनी में उलझ लेती है। यहाँ न उलझे, तो क्या हो। उलझने के टापिक क्या हों। मेरे मुहल्ले में एक होते थे—मिस्टर गुप्ता। उनके कई किस्से चलते थे। रोज दारु पीकर आते हैं। करीब डेढ़ सौ महिलाओं से उनके सम्बन्ध हैं। पूरे मुहल्ले उनकी चर्चा में मगन रहता था—आज तो गुप्ता जी ने...। एक दिन गुप्ताजी साधु हो गए। दारु-वारु सब बन्द। मैंने देखा कि मुहल्लेवालों की परेशानी और बढ़ गई। क्या चर्चा करें—गुप्ताजी रोज शाम को साढ़े पाँच बजे दफ्तर से घर आते हैं। घर आकर चाय पीते हैं...खाना खाकर चुपचाप सो जाते हैं। भला आदमी प्रशंसनीय हो जाता है, पर बोरिंग भी हो जाता है। उस पर बात करके मजा नहीं आता। उससे बात करके मजा नहीं आता। मुरारी बापू की टाइप चर्चा दिन में एकाध घंटा तो चल जाती है। फिर गुप्ताजी की दारु और अफेयर की याद आते हैं। गुप्ता भले हुए, पर बोरिंग भी हुए। जानकार और बताते हैं—अफेयर चर्चा और गरियाने जितना ही आनन्द सहानुभूति दिखाने में है।

मेरी बेरोजगारी के दिनों में एक पड़ोसी रोज आकर नियम से चिन्ता व्यक्त करते थे कि दुनिया बहुत खराब है, भले लोगों का जमाना नहीं है। एक दिन जब मैंने बताया कि दुनिया इतनी खराब नहीं है, मुझे नौकरी मिल गई है, तो मैंने देखा कि उनके चेहरे पर गम्भीर

परेशानी के भाव आ गए हैं। सहानुभूति प्रकट करने में बन्दा एक ऊँचाई पर चला जाता है। एक बड़े विचित्र किस्म का तेज और समझदारी सहानुभूति प्रदर्शक के चेहरे पर आ जाती है। बड़े-बड़े चिरकुट किसी को समझाते हुए, किसी से सहानुभूति दिखाते हुए कैसे दैदीप्यमान लग उठते हैं, नहीं।

हाई होने के तमाम तरीकों में सहानुभूति ऐसा तरीका है, जिस पर सामाजिक आपत्तियाँ नहीं होती। बिना भंग, दारु के भी अगर कहीं कोई हाई हो सकता है, तो वह सहानुभूति के क्षणों में ही। मेरे घर पर हुई चोरी पर मुझ पर जब सहानुभूति अटैक हुए, तो कई लोगों ने कहा कि घर में ताला ऐसा लगाना चाहिए, जिसे चोर तोड़ न सकें। मैंने पूछना चाहा कि चोरों से यह कैसे पूछा जाए—कृपया बताएँ। कौन सा ताला आप नहीं तोड़ सकते। पर सहानुभूति प्रदर्शकों से नहीं पूछा, सहानुभूति की हाई पर सवार किसी को वहाँ से उतारनेवाला उसी पाप का भागी होता है, जो पाप किसी के जिन या स्कॉच जनित नशे को उतारने पर लगता है।

कभी-कभी ईमानदारी से यह सोचकर डर लगता है कि अगर कहीं कुछ भी सहानुभूति के योग्य न बचे, सब कुछ ठीक हो जाए, तो क्या होगा। बसें ठीक टाइम पर चलें। मास्टर सही ढंग से पढ़ाएँ, डॉक्टर सही ढंग से इलाज करें...कोई तहलका नहीं, मुशर्रफ खुद कहने लगें कि कश्मीर तुम्हारा, लादेन शान्ति मिशन में शामिल हो जाए। कोई किसी की बीवी को लेकर न भागे, कोई किसी के ब्वाय फ्रेंड पर डाका न डाले। भरतशाह भाई जैसे हीरे बेचने में ही मन लगाएँ। दाऊद भाई की फिल्मों में दिलचस्पी खत्म हो जाएँ। सारे पत्नियाँ एक पतिव्रता हो जाएँ। सारे पति एक पत्नीव्रता हो जाएँ, सारे बच्चे मैडौना को छोड़कर मुरारी बापू में दिलचस्पी दिखाने लगें। शराब के सारे ठेके और सारी दुकानें ग्राहकों के अभाव में बन्द हो जाएँ। दाऊद भाई मुम्बई की पुलिस की तस्करी विरोधी शाखा में विशेष अफसर हो जाएँ। क्लिंटन किसी विश्वविद्यालय में सदाचार विषय का शिक्षक हो जाएँ। शिवसेना के बाल ठाकरे किसी विश्वविद्यालय में गाँधीवाद के प्रोफेसर हो जाएँ। वीरप्पन कर्नाटक के वनमन्त्री हो जाएँ। सौरभ गांगुली का नगमा के साथ अफेयर खत्म हो जाए। लालू नैतिकता के आधार पर राजनीति से संन्यास

ले लें। क्या होगा ! वह दुनिया मुरारी बापू की होगी, पर बाकियों का क्या होगा। बड़ा डरावना सवाल है।

चलूँ, खबर है कि पानी भी चार दिन से लगातार आ रहा है। कुछ अघटित होकर ही रहेगा, बहुत बुरे लक्षण हैं...

तो होना पड़ता नर का मनसबदार

भारी रिसर्च के बाद अब पता चल गया है कि तुलसी ने मनसबदार होने से इन्कार क्यों कर दिया था—तुलसी अब का होहिंगे नर के मनसबदार। तुलसीदास ने अकबर के ऑफर को यह कहकर ठुकरा दिया था कि हम राम के दरबार में नौकरी करते हैं, अब किसी नर की मनसबदारी क्या करनी। इधर राम के तमाम नौकर मनसबदारियों के लिए मार मचा रहे हैं। पेट्रोल पम्पों के लिए मार मचा रहे हैं। गैस एजेंसियों के लिए मार मचा रहे हैं। हरिद्वार की बहुमंजिली इमारतों के ठाठ देखकर यह पता लगता है कि इधर राम के नौकर लाइफ स्टाइल के मामले में बहुराष्ट्रीय कम्पनियों के नौकरों का मुकाबला कर रहे हैं। जिन स्वामीजी को कल सुनने गया था, वह मर्सीडीज में चलते हैं। जिन्होंने उन्हें न्यौता था वह एक बहुराष्ट्रीय कम्पनी में नौकर हैं, वह भी मर्सीडीज में चलते हैं। सीनियरटी चाहे राम की नौकरी में मिल जाए या बहुराष्ट्रीय कम्पनी की नौकरी में, मर्सीडीज दिलवा देती है। इससे यह थ्योरी बनाई जा सकती है कि राम की नौकरी और बहुराष्ट्रीय

कम्पनी की नौकरी के ग्रेड अब लगभग एक जैसे हैं। तुलसी के जमाने में कम रहे होंगे। तुलसी ने कहा है कि मस्जिद में सोना पड़ता था, खाने पीने का भी भारी कष्ट रहता था। उस जमाने में राम की नौकरी की हालत ऐसी होगी। अब राम के नौकर चकाचक रहते हैं। एक मस्जिद छोड़, पचास मस्जिद के बराबर जगह पर कब्जा कर लेते हैं। ये रामजी की नौकरी के वे लाभ है, जिन्हें ऊपरी आय कहा जा सकता है।

पर यह विषयान्तर हो रहा है, रामजी के नौकरों की स्थिति पर लिखने के लिए पूरे शोध प्रबन्ध की जरूरत पड़ेगी। प्रश्न यह था कि तुलसी ने नर का मनसबदार होने से इन्कार क्यों कर दिया। भारी रिसर्च के बाद निष्कर्ष यह निकला है कि ऐसा वह इसीलिए कर पाए कि उनके दामाद और जीजा नहीं थे। शोधकर्ता ने शोध के बाद निष्कर्ष निकाला है कि अगर तुलसीदास के जीजा या दामाद होते, तो वे मनसबदारी को मना नहीं कर पाते। अब तुलसी होते, तो उन्हें राम के दरबार में इन अर्जियों के साथ जाना पड़ता कि उनके दामाद को एक पेट्रोल पम्प दिलवाया जाए और उनके ज़ीजा को गैस की चार एजेंसियाँ दिलवाई जाएँ। राम हाथ खड़े कर देते और कहते, इन कामों के लिए किसी नर का मनसबदार होना जरूरी है। मैं मोक्ष और बैकुंठ दिलवा देता हूँ, पेट्रोल पम्प दिलवाना मेरे बस में नहीं है। मैंने बड़े-बड़े जोरदार ईमानदार तपस्वी देखे हैं, पर जीजा और दामाद जब पेट्रोल पम्प माँग उठते हैं, तो लगता है कि मनसबदारी ले ली होती, तो अच्छा था। जुगाड़ लगवाने के अपने तजुरबे के आधार पर बता सकता हूँ कि इससे सटीक जुगाड़ वह होती है, जो सम्बन्धित व्यक्ति के जीजा या दामाद से लगवाई जाए। यहाँ नहीं का कालम नहीं होता।

जुगाड़ों के मोटे-मोटे तीन प्रकार हैं—प्रकार नम्बर एक है—जेनुइन काज है—वाली जुगाड़। इस प्रकार की जुगाड़ में सम्बन्धित अफसर या मन्त्री के दरबार में वे केस ले जाए जाते हैं, जो शत-प्रतिशत ठीक होते हैं। बताया जाता है कि प्रार्थी का केस बहुत ही जेनुइन है। प्रार्थी बहुत परेशान है। प्रार्थी के साथ विकट अन्याय हुआ है। प्रार्थी बहुत गरीब है, कष्ट में है, आदि-आदि। इस किस्म की जुगाड़ बहुत ही चिरकुट किस्म की होती है और इसमें सफलता रेट सिर्फ .5 प्रतिशत होता है। अगर मन्त्री या अफसर का विदेश दौरा उस सुबह मंजूर

हुआ हो या आलाकमान ने चाय पीने पर बुला लिया हो, तो ऐसे खुशी के मौके पर कभी कभार इस तरह की जुगाड़ मान लेता है।

जुगाड़ नम्बर दो होती है—जो आपका होता है, वह हम देख लेंगे। इस प्रकार की जुगाड़ में मन्त्री या अफसर को आश्वस्त करना होता है कि जो भी उनका हिसाब-किताब बनता है, उसका ध्यान रखा जाएगा। कई काम करवानेवाले शक्ल से इतने शरीफ दिखते हैं कि मन्त्री और अफसर डर जाते हैं कि पता नहीं कि इसे हिसाब-किताब पता होगा या नहीं। ऐसे मामलों में फाइल को एक महीने के लिए फ्रिज में रख दिया जाता है, फिर पार्टी को पता लग जाता है, फिर वह अफसर और मन्त्री को आश्वस्त कर देती है कि जो आपका होता है, वह हम देख लेंगे। इस प्रकार की जुगाड़ बहुत सटीक होती है। शोध के मुताबिक इस तरह की जुगाड़ की सफलता रेट करीब 95.5 प्रतिशत है। पर शत-प्रतिशत यहाँ भी नहीं है। कभी-कभार ऊपर से जब ईमानदारी के सैम्पल इकट्ठे करने का सरकुलर आ जाता है, तो कई मामले लटक जाते हैं। जो केस इन सैम्पलों में पैक हो जाता है, वह लम्बा लटक जाता है।

सबसे सटीक जुगाड़ यानी जुगाड़ नम्बर तीन वह होती है—जो सम्बन्धित नेता या अफसर या दामाद के जरिए जाए। यहाँ मामला एकदम चकाचक है। आगरा में एक अफसर को मैं जानता हूँ, जो डाइरेक्ट कलेक्शन के अलावा—दो और माध्यमों से घूस लेता है, अपनी बीवी के जरिए और दामाद के जरिए। उसके ट्रेक रिकार्ड का अध्ययन करके यह निष्कर्ष निकला है कि डाइरेक्ट कलेक्शन में सफलता रेट 75 प्रतिशत है, पच्चीस प्रतिशत केस में वह रकम लौटा देता है। काम अटक जाता है। बीवी के जरिए कलेक्शनवाले केसों में सफलता रेट है 90 प्रतिशत। जिन केसों में बीवी ने कलेक्शन किया है, उन केसों में पैसे वापस करवाना असम्भव सा होता है, फिर भी दस प्रतिशत केस यहाँ भी अटकते हैं। दामाद के जरिए जानेवाले केसों में विफलता का कालम नहीं है—शत-प्रतिशत। यही वजह है कि दामाद का रेट डाइरेक्ट रेट के मुकाबले दो गुना होता है। क्वालिटी ऐसे ही थोड़े ही आती है।

मुझे एक बहुत जोरदार सीन नजर आ रहा है—विश्वामित्र की तपस्या को तोड़ने में मेनका फ्लाप हो गई हैं। तब इन्द्र विश्वामित्र

के दामाद को लेकर विश्वामित्र के सामने आते हैं। विश्वामित्र से उनका दामाद कह रहा है, पापा आपको अब तपस्या तोड़नी ही पड़ेगी। इन्होंने मुझे पाँच पेट्रोल पम्प और गैस की बीस एजेंसियाँ दे दी हैं। विश्वामित्र खुशी-खुशी उठकर अपना कमंडल और डंडा उठा रहे हैं और कह रहे हैं, वाऊ, फिर क्या, मैं तो तपस्या ही इनके लिए कर रहा था।

मार-ठुकाई, लात-जूता

तरु, कोमल, प्रियतमे, चकोर, चाँद, चम्पा, रजनीगन्धा, घटा, पनघट, गोरी...यह सब जिस साहित्य में न हों, मैं उसे साहित्य मानने को तैयार नहीं–

एक प्राचीनकालीन साहित्यप्रेमी कह रहे हैं। ऐसे गाहे-बगाहे मिल जाते हैं और हड़काते हैं कि व्यंग्य के नाम पर जो लिख रहे हो, वह बिल्कुल कूड़ा है। कुछ पुरानी शैली का शाश्वत लिखो। रीतिकाल और छायावाद पर जिनकी विशेषज्ञता है, वो इधर के लिखे को देखकर सिर धुनते हैं। इधर के व्यंग्य तो उन्हें बिल्कुल ही बकवास दिखाई देते हैं। प्रियतम और प्रियतमे के परिहास, क्रीड़ाओं और मनोविनोद की शैलीवाले व्यंग्य इधर इतिहास या कहें कि इतिहास के कूड़े का हिस्सा बन चुके हैं। अब मामला एकदम टंच देसी है–मार, ठुकाई, लात-जूता। तहलका... ।

मेरी पीढ़ी की बहुत आफत है। जब तक होश सँभाला, तब तक तरु गायब हो चुके थे। पर्यावरण बचाओ, पेड़ लगाओ का हल्ला

जोर पर था। ऐसे हल्ले में इस आशय की रिपोर्टें आती रहीं कि फलाँ जिले के अफसर पर्यावरण बचाओ कार्यक्रम में करोड़ों खा गए। तरु सामने नहीं दिखाई दिए, उन्हें खाने की रिपोर्टें रोज दिखाई दीं।

कुछ तरुओं पर जंगलवाले वीरप्पन का कब्जा था, बाकी के तरुओं का चार्ज जंगल के बाहरवाले वीरप्पनों के हाथों में था। जब से मेरी पीढ़ी ने होश सँभाला है, तब से तरुओं का इस्तेमाल प्रियतम और प्रियतमाओं के सन्दर्भ में होना बन्द हो गया। तरुओं का गहरा सम्बन्ध झूठे आँकड़ों से ही हो गया। हर साल तमाम तरह के सरकारी विभागों की रिपोर्टों में बताया जाने लगा कि इस साल इतने तरुओं में इजाफा हुआ। सरकारी रिपोर्टों के आँकड़ों के हिसाब से तो पूरे देश का जितना क्षेत्रफल है, उससे ज्यादा क्षेत्रफल में पेड़ और जंगल लग चुके हैं, पर मेरी पीढ़ी ने जंगल के बजाए जंगलराज, झूठ, अन्दरवाले वीरप्पन और बाहरवाले वीरप्पनों को ही देखा है।

ऐसे चतुर्दिक खाऊ माहौल में कोमल सिर्फ रीतिकालीन और छायावादी ही हो सकता है। जिसे रोज लाइन में लगकर दूध लाना हो, रोज युद्ध करके बस में चढ़ना हो, जिसे अपने बच्चे के एडमीशन कराने के लिए कई जगह हाथ-पैर जोड़ने पड़ते हों, जिसे तमाम सैडिस्टों के षड्यन्त्रों का सामना रोज करना पड़ता हो, वह कोमल रह गया, तो बहुत जल्दी निपट लेगा। एक दिन में ही उसकी समाधि बन लेगी और उसकी मिट्टी में जो तरु उगेगा, उसे देखकर पब्लिक कहेगी—यह है चिरकुटई का कोमल तरु। ऐसे मारु माहौल में कोमलता सिर्फ लक्स इंटरनेशनल के लिए माडलिंग करनेवाली अभिनेत्रियों की त्वचा में हो सकती है, बाकी तो देसी भैंस टाइप मोटी खाल ही चलेगी।

प्रियतमे का चलन इधर व्यंग्य से गायब हुआ, उसकी ठोस वजह यह है कि प्रियतमे अब उतनी मूर्ख नहीं रही, जो बेवकूफी भरी बातों को सुनकर मूर्खोचित तरीके से परिहासित हो। अब अधिकांश प्रियतमाएँ शाम को परेशानहाल में बस में टँगकर भी पूरी शातिरता से इस प्रश्न पर विचार कर रही होती हैं कि अगली बार जब डीए का एरियर मिलेगा, तो प्रियतम को हवा भी नहीं लगने देंगी। पिछली बार प्रियतम ने सारी रकम अपने हिसाब से खर्च कर दी थी। इधर अधिकांश प्रियतमाओं को समझ में आ गया है कि मूर्ख होकर परिहासित होने की बजाय अक्लमन्द होकर आक्रामक होना बेहतर है।

मूर्खा प्रियतमाएँ अब सिर्फ उन लेखकों के यहाँ मिलती हैं, जो अब भी कोमल तरु के नीचे बैठे हुए हैं।

चकोर मेरी पीढ़ी ने देखा ही नहीं। ईमानदारी से कहूँ, तो चाँद भी कायदे से नहीं देखा। चाँद और सूरज सबके हैं, ऐसा झूठ किताबों में पढ़ा था, पर बाद में पता चला कि चाँद और सूरज उसी के हैं, जो ऊँची बिल्डिंग बनवा सकता है। मेरे हिस्से के चाँद और सूरज उनके खाते में दर्ज हो गये है, जो मेरे पास मुझसे बड़ी बिल्डिंगों में रहते हैं। मेरे हिस्से की धूप और मेरे हिस्से की चाँदनी कहीं और ट्रांसफर हो चुकी है। चाँद को देखने की कोशिश करो, तो कंक्रीट दिखाई देता है।

जिनकी बालकनी से चाँद दिखाई दे सकता है, ऐसे कई प्रियतमों को मैंने प्रियतमाओं की डाँट खाते हुए देखा है—सोओ, रात के ग्यारह बज गए, क्या देख रहे हो, सुबह सात पचास की बस पकड़नी है। चाँद बेचारा सात पचास की बस से कुचला जाता है। चम्पा का फूल भी मैंने नहीं देखा। घरों में फूलों की जगह कहाँ बची, अब तो हद से हद कैक्टस की जगह बची है, ड्राइंगरूमों में। मेरी पीढ़ीवालों ने सबसे ज्यादा कैक्टस देखे हैं।

पता नहीं क्यों, अंग्रेजी के बहुत ही महत्त्वपूर्ण व्यंग्यकार बहराम कांट्रेक्टर उर्फ बिजी बी को 'आउटलुक' में विनोद मेहता द्वारा दी गई श्रद्धांजलि की कुछ लाइनें रह-रहकर याद आ रही हैं—अच्छा व्यंग्यकार आपको हँसाता है, महान व्यंग्यकार आपको हँसाता है और फिर सोचने पर मजबूर करता है।

अच्छा व्यंग्यकार बनने में मेरी कोई दिलचस्पी नहीं है, आइए, कुछ मार-ठुकाई लात, जूते की बात करें।

ब्राह्मण सेब, शूद्र सेब

वो हमारे लेवल के लोग नहीं हैं, उन्हें ज्यादा लिफ्ट मत दो, मिसेज गुप्ता के यहाँ लोकल सेब आते हैं, आप और हम तो अमेरिकन सेब खाते हैं–

एक पार्टी में मिसेज शर्मा मिसेज सक्सेना को बता रही है। मिसेज गुप्ता सम्बन्ध रखने लायक नहीं रहीं। लेवल तय करने की व्यवस्थाएँ इधर नई हो चली हैं। जब से आयात खुले हैं, नई चाल की वर्णव्यवस्थाएँ बन रही हैं। अमेरिकन सेबवाला ब्राह्मण है, लोकल सेबवाला शूद्र से थोड़ा ऊपर माना जाएगा। हाल-हाल तक कारों की वर्णव्यवस्था जोरदारी से चलन में थी।

क्या करें, हमारी क्या औकात, हम तो मारुति 800 वाले हैं, वो क्वालिस और कांटेसावाले हैं।

कुछ समय पहले इस तरह के बयान सुनाई देते थे। कारों की वर्णव्यवस्था में मारुति 800 अब शूद्र की हैसियत पर है। मर्सीडीज का ब्राह्मण का दर्जा कायम है। मर्सीडीज ब्राह्मण मारुति शूद्रों को मुँह

नहीं लगाते। इधर मारुतिवालों की दीनता को देखकर यह अहसास होता है कि वर्णव्यवस्था के कितने घातक परिणाम होते हैं। इसके शिकार अपनी पहचान ही खो बैठते हैं।

इधर सारे मारुतिधारी मित्र अपराधबोध से दबे हुए यह सफाई देते हैं कि उन्होंने अगली कार लेने की तैयारी शुरू कर दी है। दीनता का हीनता बोध कितना मारु होता है, यह बात मुझे कारों की वर्णव्यवस्था के अध्ययन से पता चली है। कई मारुतिवालों को जानता हूँ, जो रिश्तेदारों और मित्रों के शादी-ब्याह में जाते हैं, तो कार आयोजन स्थल से दो किलोमीटर दूर खड़ी करते हैं, कहीं किसी को पता न चल जाए कि अब भी मारुति में चलता है।

पापा अपने घर में मारुति भी नहीं है, तो हमें क्या माना जाएगा।

बेटा, नई वर्णव्यवस्था में हमें शूद्र कहलाने का हक भी नहीं है, हम चौपायों और इन्सान के बीच के कोई जन्तु माने जाएँगे।

अपनी समझ से मैंने जवाब दे दिया है। पर इधर मुझे तमाम समाजशास्त्रियों की समझ पर शंका होने लगी है। वर्णव्यवस्था की नई छटाओं पर किसी का भी ध्यान नहीं जा रहा है। 51 इंची के टीवी पर सवार होकर मिसेज सक्सेना टीवी वर्णव्यवस्था की ब्राह्मण बन जाती हैं, उधर खालिस सरयूपारीण ब्राह्मण मिसेज तिवारी को अपने सर्किल में अछूत करार दे दिया जाता है, क्योंकि उनके घर अब भी पोर्टेबल ब्लैक एंड व्हाईट टीवी है। कुकिंग सिस्टम वर्णव्यवस्था में मिसेज यादव टाप पर इसलिए हैं कि उनके पास एक लाख की कुकिंग रेंज है। मिसेज शर्मा को मुहल्ले की कुकिंग वर्णव्यवस्था का शूद्र इसलिए माना जाता है कि वह अब भी पच्चीस साल पुराने गैस के चूल्हे पर काम कर रही हैं।

बात आलू और सन्तरों पर आ जाएगी, यह मैंने नहीं सोचा था। मनु होते तो उन्हें अपनी व्यवस्था रिवाइज करनी पड़ती। लिखना पड़ता कि शूद्र सेबों को कोई हक नहीं है कि ब्राह्मण सेबों के साथ उठे-बैठे। ब्राह्मण सन्तरेवालों को अपने स्टेटस का ध्यान रखना चाहिए और शूद्र सन्तरेवालों से ज्यादा मेल-जोल नहीं रखना चाहिए। हल्द्वानी के शूद्र आलूवाले अगर वाशिंगटन के आलूवालों के सामने पड़ जाएँ, तो उन्हें वाशिंगटन के आलुओं को हाथ जोड़कर प्रणाम करना चाहिए। नागपुर के सन्तरों के ट्रक के सामने अगर लासएंजिल्स के सन्तरों का ट्रक

आ जाए, तो नागपुरवाले सन्तरों को झुककर प्रणाम करना चाहिए और लासएंजिल्स के सन्तरों को रास्ता देना चाहिए। न्यूयार्क की किसी नाली का रूख भी अगर भारतवर्ष की तरफ हो जाए, तो गंगा को रुकना चाहिए और रुककर उसे नमस्कार करना चाहिए।

पापा, लोकल सेब के भावों से ही अब आँखें चौंधियाँ रही हैं, अमेरिकन सेबों की तरफ देख लिया, तो अन्धे हो जाएँगे।

बेटा सेबों की नई वर्णव्यवस्था में हमें शूद्र कहलाने का हक भी नहीं है, हम चौपायों और इन्सान के बीच के कोई जन्तु माने जाएँगे।

सेबों की नई वर्णव्यवस्था इसके अलावा हमें कुछ और माना जा सकता है क्या ?

अब पेप्सी, लेकोस्टे, सेंट्रो बेचकर ही निकलना

तेरे सितारे बहुत अच्छे हैं, तू रीबूक, रे-बैन और पेप्सी बेचेगा--

क्रिकेट अकादमी के बाहर एक ज्योतिषी तमाम उदीयमान क्रिकेट खिलाड़ियों का भविष्य बाँचता है।

तेरा मामला मिक्स है। जाएगा, ऊपर जाएगा, पर रीबुक और रेड एंड व्हाइट के लेबल पर नहीं पहुँचेगा। हद से हद तू लीडर, डालर बनियान ही बेच पाएगा।

क्रिकेट खिलाड़ी ज्योतिषी की भविष्यवाणी का अर्थ समझने की कोशिश कर रहा है।

तेरा मामला भंड है। बहुत जोर लगा ले, तो भी नेवला छाप खैनी ही बेच पाएगा।

ज्योतिषी ने घोषणा कर दी है। इस खिलाड़ी का क्रिकेट में कोई खास भविष्य नहीं है।

पहले मुझे समझ में नहीं आता था कि क्रिकेट का भविष्य पूछते हैं और ज्योतिषी नेवला छाप खैनी की बात करने लगता है। अब समझ में आ गया है।

सामने हरभजन सिंह का फोटो है, वह दिल्ली में रीबूक के एक शो रूम में आए हैं। प्रकारान्तर से वह यह बताना चाहते हैं कि उनकी हैट-ट्रिक में रीबूक की बहुत बड़ी भूमिका है। हरभजन सिंह सच ही बोल रहे होंगे। ज्योतिषी भी सच बोल रहा है। अब हरभजन सिंह थोड़े दिनों में अपने खेल और पेप्सी के रिश्ते के बारे में भी बताने लगेंगे। और सफल हो गए, तो सैंट्रो कार, क्लिनिक शैम्पू, लाइफब्वाय साबुन, लेकोस्टे टी-शर्ट, लेविस जीन्स, मास्टर क्रेडिट कार्ड, बाम्बे डाइंग के तौलिए भी बेचेंगे। और बहुत ही सफल हो गए, तो फैशन शो में डिजाइनर कुरते बचेंगे।

हरभजन सिंह भाग्यवान हैं, रीबूकवान हैं। हर कोई इतनी जल्दी रीबूकवान नहीं होता। कई बेहतरीन बॉलर स्टेट लेवल और रणजी से आगे नहीं जा पाए, लीडर बनियान और गैंडा छाप बीड़ी पर ही रिटायर हो गए। कई तो ऐसा हैं जिन्होंने पूरा जोर लगा लिया, पर नेवला छाप खैनी से आगे नहीं गए, डिस्ट्रिक्ट खेलकर ही निपट गए। रीबूकवान होना सबके भाग्य में नहीं है। हर क्रिकेटर पेप्सीवान नहीं होता।

हैट ट्रिक हुए तीन हफ्ते भी नहीं हुए कि हरभजन सिंह रीबूकवान हो लिए, सब ठीक चला, तो जल्दी ही हरभजन सिंह सेंट्रोवान होंगे। हरभजन सिंह बताएँगे कि उनकी पसन्द सेंट्रो है, क्योंकि यह उसी स्मूथनेस के साथ चलती है, जिस स्मूथनेस के साथ उसकी बाल बैट्समैन के विकेट उखाड़ती है। कुछ दिनों में यह बताएँगे कि उनकी फिटनेस का राज है लाइफब्वाय, तन्दुरुस्ती की रक्षा करता है, लाइफब्वाय। जाहिर है, उनकी स्मार्टनेस का राज तो लेकोस्टे टी शर्ट में छिपा ही होगा। यही होता है।

कई बरसों से देख रहा हूँ। एकदम तय बात है। इधर जैसे ही कोई खिलाड़ी एक दो सेंचुरी लगाता है या पाँच दस विकेट लेता है, पेप्सी या रीबूकवाले आ जाते हैं, ले जाते हैं, अपने शोरूम में। एक जमाने में होता था, कुछ विश्वविद्यालय अपने टॉपर को लेक्चरर बना देते थे। उधर बन्दा टॉप करता था, इधर लेक्चरर बन जाता था। मामला

यहाँ भी वही है, उधर बन्दा हैट ट्रिक करता है, इधर रीबूक और पेप्सी का सेल्समैन बन जाता है।

इधर खिलाड़ी का लेवल इस आधार पर तय होता है कि वह क्या बेच रहा है। अजहरुद्दीन की हैसियत का अन्दाज इस बात से लगाया जा सकता है कि अजहरुद्दीन इन दिनों कुछ भी बेचते हुए नहीं पाए जाते। सेल्समैनी की नौकरी बहुत मारु होती है। जब तक बन्दे में दम रहता है, नौकरी पर रखते हैं, बाद में पूछते भी नहीं हैं। अजहरुद्दीन जब ठीक-ठाक तरीके से बेच रहे थे, तब उन्हें पेप्सी पीने के पैसे मिलते थे, आज वह टीवी में पेप्सी पीते हुए नजर आ जाएँ, तो पेप्सीवाले उन पर मानहानि का मुकदमा कर देंगे। समय का फेर। समझदार सेल्समैन वही है, जो समय रहते सब कुछ बेच ले, अन्त काल पछताएगा, जब क्रिकेट जाएगा छूट।

सर आशीर्वाद दीजिए—

क्रिकेट अकादमी में घुसते हुए एक छात्र मुझसे आशीर्वाद माँग रहा है।

जा बेटा, अब पेप्सी, रीबूक बेचकर ही निकलना

इससे बेहतर आशीर्वाद कुछ और हो सकता है क्या !

मेरे दस हजारवें रन का राज पेप्सी—

सामने सचिन तेन्दुलकर टीवी पर बता रहे हैं।

मेरा मन पेप्सी के प्रति गहन श्रद्धा से भर उठता है। पेप्सी न होती, तो आज हमारे पास सचिन तेन्दुलकर न होते, उनका दस हजारवाँ रन न होता।

पेप्सी जब नहीं थी, तब गावस्कर और विश्वनाथ कैसे हो गए—

कभी-कभार शंकालु मन सवाल खड़े कर देता है।

गलती से हो गए होंगे। या हो सकता है कि तब चुपके-चुपके विदेशों से इम्पोर्ट करके पीते रहे हों, पेप्सी।

स्विट्‌जरलैंड बनाम गन्दा पानी

अब शरम आने लगी है, खुद पर। वो चिन्तित होते हैं—स्टेटस जाने का वीसा नहीं मिल रहा। इंडिका की बुकिंग कराई थी, मिलने में थोड़ा डिले हो गया। जिस डिजाइनर सूट को उन्होंने पचीस हजार का खरीदा था, वैसे डिजाइनर सूट अब दो और लोग पहने हुए दिखे। कारें चार हो गई हैं, कोठी की पोर्टिको में बहुत चिच-पिच हो जाती है। उनकी इतनी भारी चिन्ताएँ देखकर मैं चिन्तित हो जाता हूँ और शर्मसार भी। मेरी चिन्ताओं का लेवल क्या है।

मेरी चिन्ता है, पानी क्यों नहीं आता। आता है, तो टाइम से नहीं आता। टाइम से आ भी जाता है, तो दस मिनट से ज्यादा नहीं आता। दस मिनट आता है, तो भी इतना गन्दा आता है। उनके चमकते अमेरिका के वीसा के सामने जब अपना गन्दा पानी रखता हूँ, तो शर्म आ जाती है। पर कुछ हो नहीं सकता। इधर पानी ही घूम रहा है। पानी की ही चिन्ता है। रहीमदास निश्चय ही मेरी कैटेगरी के होंगे—इतनी ऊँची बात तब ही लिख पाए-रहिमन पानी राखिए।

रहीमदास को भी उस जमाने में यह बतानेवाले बहुत मिलते होंगे कि—अफगानिस्तान घूमने की इच्छा है, पर बादशाह अकबर जाने की इजाजत नहीं दे रहे। रहीमदास को इस विषय पर चिन्तित भी बहुत मिलते होंगे कि बादशाह सलामत ने जिस खास ड्रेस को पहनने की इजाजत सिर्फ हमें दी थी, वैसी ड्रेस अब दो और लोग पहन रहे हैं। रहीम को भी इस तरह की चिन्ताएँ सुननी पड़ती होंगी, क्या करें, पालकियाँ चार हो गई हैं, हवेली में रखने की जगह नहीं बची। रहीमदास को भी पानी के अलावा कुछ नहीं सूझता होगा। लिख-पढ़कर रोजी चलानेवालों का लेवल इससे आगे नहीं जा सकता।

तुम्हारी औकात यही है, पानी की चिन्ता से आगे नहीं बढ़ते—

राष्ट्र की चिन्ता में दिन-रात डूबे रहनेवाले एक मुझे बता रहे हैं।

बरसों से जानता हूँ। कई सालों से वह राष्ट्र के लिए चिन्तित हैं। राष्ट्रचिन्ता जब शुरू की थी, तो एक टुटही साइकिल पर चलते थे। अब पचास जीपों के मालिक हैं, चार ठेके चलते हैं, एमएलए हैं। राष्ट्र चिन्ताओं ने सटीक नतीजे दिए, तो अगली बार एमपी बनेंगे। उन्हें देखकर यह थ्योरी निकलती है कि जो सिर्फ पानी के लिए चिन्तित होता है, वह ताउम्र पानी में फँसा रह जाता है। जो राष्ट्र के लिए चिन्तित होता है, उसे किसी और किस्म की चिन्ता करने की जरूरत नहीं होती।

क्या करें, बहुत बुरा टाइम आ गया है। सैल्यूलर के भाव गिरते ही जा रहे हैं—

महँगाई सबको परेशान करती है, सैल्यूलर पर उनकी चिन्ताओं से यह थ्योरी गलत साबित होती है। उनकी सैल्यूलरी चिन्ताओं से नयी थ्योरी निकलती है—बुरे टाइम की पहचान यह है कि उसमें सैल्यूलर के भाव गिरते हैं। पहले सैल्यूलर पर स्टेटस टाँगनेवालों की संख्या बहुत कम थी। कारवाले ही सैल्यूलर पर अपना स्टेटस टाँग पाते थे। इधर हर तरह के बन्दे सैल्यूलर पर अपना स्टेटस टाँगने लगे हैं।

दिलशाद गार्डन के एक मन्दिर में मैंने एक भिखारी को सैल्यूलर पर अपने दोस्त को यह बताते हुए सुना—इधर आजा, आज इस मन्दिर में एनआरआई आए हुए हैं। तकनीक का पब्लिकीकरण इसे कहते हैं। पर सैल्यूलर पर अब इतने तरह के लोग स्टेटस टाँगकर जाने लगे

हैं, कि उनकी सोहबत में ओरिजनल सैल्यूलरधारियों को नाक पर रुमाल रखना पड़ता है। बहुत बुरा टाइम आ गया है।

अच्छे दिन तब आते हैं, जब प्याज सौ रुपए का सौ ग्राम मिलने लगता है। उस दौर में दावत के निमन्त्रण इस तरह से मिलते थे–आइए, रोटी प्याज के डिनर पर आइए। अच्छा वक्त तब आता है, जब नामक पाँच सौ रुपए किलो मिलता है। तब मैंने बहुत लोगों के चेहरे खिले हुए देखे हैं। स्टेटस के एवरेस्ट पर पहुँचनेवाले सबसे पहले यही दुआ माँगते हैं कि प्रभु अब किसी और को यहाँ न भेजना, सबको इधर-उधर दाएँ-बाएँ लुढ़का देना। बुरा वक्त है, एवरेस्ट पर इधर बिना आँखोंवाले भी पहुँच रहे हैं, स्कूल के बच्चे पहुँच रहे हैं। बुरा वक्त है, स्टेटस के एवरेस्ट पर भी अब इतनी ही घिचर-पिचर मची हुई है।

जाना तो स्विट्जरलैंड, लन्दन, सिंगापुर, थाईलैंड, मलेशिया था, पर बजट ने ट्रिप काट दी। अब सिर्फ स्विट्जरलैंड, लन्दन और सिंगापुर, थाईलैंड पर सन्तोष करना पड़ रहा है–

वो अपनी सबसे बड़ी चिन्ता सामने रख रहे हैं। मैं समझ नहीं पा रहा हूँ कि उनके स्विट्जरलैंड के सामने अपना गन्दा पानी कैसे रखूँ।

कबीर इसलिए बड़े कवि थे

मसि कागद छूयो नहीं, कमल गह्यौ नहीं हाथ—अब आप बताइए कि कबीर ने अगर कागज-कालम नहीं छुआ, तो फिर लिखा कैसे। मैं बताता हूँ—वह कम्प्यूटर पर लिखते थे। इसीलिए इतना लिख पाए। इसीलिए उन्हें आधुनिक माना जाता है, इसलिए उन्हें महान माना जाता है। आप खुद देख लीजिए, वह खुद कह रहे हैं कि वह कम्प्यूटर पर लिखते थे—

एक कम्प्यूटर कम्पनी का मार्केटिंग मैनेजर मुझे समझा रहा है। कबीरदास कम्प्यूटर पर लिखते थे, यह बात कबीरदास खुद ही कह रहे हैं, तब किसी को शक क्यों होना चाहिए। थोड़ी देर बाद मुझे वही मार्केटिंग मैनेजर बताएगा कि कबीर उसी के कम्पनी के कम्प्यूटर इस्तेमाल करते थे। इधर मामला बहुत ही पेचीदा हो गया है।

भाई लोग पुराने सबूत लाकर बहुत जोरदार तरीके से समझा देते हैं कि मामला असल में यह है। हाल में झन्डुवालों ने बहुत जोरदार तरीके से यह बताया कि सबका रब एक है। यह तथ्य सर्वविदित

था, पर सर्वसमझित नहीं था। सर्वसमझित तथ्य यह होना चाहिए कि झन्डुवालों का त्रिशून विक्स वेपोरब की टक्कर में खड़ा है। जो रब के साथ हैं, जो मानते हैं कि सबका रब एक है, उन्हें सिर्फ एक ब्रांड त्रिशून के साथ होना चाहिए। विक्स वेपोरब को छोड़कर रब के साथ आना चाहिए।

इस तरह के विज्ञापन देखकर डर जाता हूँ। प्रोक्टर एंड गेम्बलवालों के विक्स वेपोरब पर दया आने लगती है। विक्स वेपोरब का सीधा मुकाबला अब रब के साथ है। इस तरह के मुकाबले बहुत मुश्किल हैं। मद्रासी नार बीड़ी का मुकाबला किया जा सकता है, पर गणेश बीड़ी का मुकाबला मुश्किल है।

जिस के साथ स्वयं गणेश खड़े हों, उसके खिलाफ कोई आने की हिम्मत कैसे कर सकता है। जिसके साथ रब हो, उसके आगे विक्स वेपोरब कैसे टिक सकता है। रब के साथ जो रहा है, उसे देखकर डर लगता है। गणेश के साथ जो हो रहा है, उसे देखकर डर लगता है।

गणेशजी कई तरह के हैं, बीड़ीवाले सेठ के गणेशजी, महाविघ्नेश्वर गणेशजी, महाबलेश्वरवाले गणेशजी। इधर डर लगता है कि कुछ दिन बाद यह न सुनना पड़े-कोकवाले गणेशजी, पेस्पीवाले गणेशजी। अभी होते हैं न जेके टेम्पलवाले नारायण, बिरला मन्दिरवाले नारायण। डरता हूँ कि कहीं पेप्सी और कोकवाले गणेशजी और अपने सम्बन्धों को लेकर तमाम तरह के सबूत न देने लग जाएँ।

भाई लोग जिस तरह से सबूत लाकर देते हैं, उससे डर लगता है। ज्योतिष सेवा देनेवाली एक कम्पनी के मार्केटिंग मैनेजर ने मुझे बताया कि गालिब भी उन्हीं के पूर्वजों से सलाह लिया करते थे। गालिब ज्योतिषियों से पूछकर तमाम काम करते थे, इस बात के सबूत के तौर पर उसने गालिब का यह शेर पेश किया–

देखिए पाते हैं उश्शाक बुतों से क्या फैज
इक बरहमन ने कहा है, यह साल अच्छा है

गालिब ज्योतिषियों से पूछकर यह तय करते थे कि यह साल अच्छा है या बुरा। उनके साल का अच्छा या बुरा होना इस बात पर निर्भर था कि कितनी सुन्दरियों ने उनके साथ उदारता का व्यवहार किया। जमाना बदल गया है कि अब गालिब होते तो हसीनों की जगह

बॉस को रखते। बॉस के बरताव से साल का अच्छा या बुरा होना तय होता है। बॉस अगर चार इंक्रीमेंट एक्स्ट्रा दे दे, तो साल अच्छा हो जाता है।

बॉस अगर प्रमोशन में पंगा लगा दे, साल क्या जिन्दगी खराब हो जाती है। जो भी हो, गालिब के शेर का जिस तरह से इस्तेमाल वह ज्योतिष कम्पनी कर रही है, वह डराता है। कल को यह भी कहा जा सकता है कि गालिब तत्कालीन सरकार में सेक्शन ऑफीसर थे और बड़े काबिल सेक्शन ऑफीसर थे। उन्होंने सरकार के पास अरजी लगाई कि उन्हें सीधे डाइरेक्टर पद पर प्रमोट किया जाए। इस पर ऊपरवालों का जवाब आया कि आपकी अरजी पर विचार चल रहा है। इससे परेशान होकर गालिब ने लिखा—

अरजी को चाहिए एक उम्र असर होने तक

इस शेर में बाद में प्रूफ की गलती से अरजी की जगह आह हो गया। डर रहा हूँ कि कोई इसका सबूत लाकर न दे दे। पर मेरे डरने से क्या होता है, जब गालिब, कबीर खुद ही कह गए हैं।

वही परमपद पाएगा

नोट-कबीर के पदों के निम्नलिखित भावार्थ दिल्ली विश्वविद्यालय के उस छात्र की कापी से लिए गए हैं, जिसने टॉप किया है, इस विद्यार्थी को परीक्षकों ने कबीर के पदों के सम-सामयिक विश्लेषण के लिए विशिष्ट सम्मान का पात्र माना है।

जो भजे हरि को सदा, वही परमपद पाएगा।

सन्दर्भ, प्रसंग और भावार्थ—कबीरदास एक दफ्तर में काम करते थे और बड़ी मेहनत से काम करते थे। पर उन्होंने देखा कि प्रमोशन उन्हें नहीं मिलता। दफ्तर के उच्च पद यानी चकाचक पद यानी तरपद यानी परमपद किन्हीं औरों को ही मिला करते थे।

परमपद से यहाँ कबीर का आशय उन पदों से है, जिन पदों पर ऊपरी कमाई की सम्भावना होती है या विदेश गमन की सम्भावना होती है या टीए, डीए खींचने की सम्भावना होती है। कुछ जूनियर

किस्म के परमपद वे माने जाते थे, जो पब्लिक डीलिंगवाले होते थे। इन पब्लिक डीलिंगवाले परमपदों पर बैठकर, लोगों के पास यह अवसर होता था कि—वह महत्त्वपूर्ण पब्लिक से सम्बन्ध विकसित करके यथासम्भव उनका लाभ लें।

इन परमपदों के लिए बहुत मार होती थी। जैसा कि कबीरदास के पद से साफ है कि परमपद सबको नहीं मिल सकते थे। कबीर का आशय यह भी है कि इन परमपदों को प्राप्त करने के लिए कई किस्म की साधनाएँ करनी पड़ती थीं।

कबीर अपनी साधना अपने काम में देखते थे और सुबह नौ बजे पहुँचकर काम शुरू कर देते थे और शाम को साढ़े पाँच बजे तक काम ही करते रहते थे। पर परमपद उन्हें नहीं बल्कि गुप्ताजी और श्रीवास्तवजी को मिलते थे। कबीर ने कालान्तर में इस विषय पर गहरा शोध किया और इस शोध के निष्कर्ष को ही इस पद के रूप में प्रस्तुत किया, जो भजे हरि को सदा, वहीं परमपद पाएगा।

इस पद में कबीर कहना चाहते हैं कि परमपद उसी को मिलेगा, जो हरि को भजेगा। यानी कबीर प्रकारान्तर से कहना चाहते हैं कि परमपद का यानी उच्च और चकाचक पद का यानी प्रमोशन का कोई रिश्ता काम से नहीं है। इस सन्दर्भ में यह बात विशेष तौर पर उल्लेखनीय है कि तबके दफ्तरों की स्थिति और अब के दफ्तरों की हालत में काफ़ी समानता है। तब भी प्रमोशन और काम का रिश्ता कम ही हुआ करता था, अब भी काम करनेवाले को प्रमोशन नहीं मिलता।

जो भजे हरि को सदा—पद में लिखित हरि की व्याख्या कतिपय मूर्ख व्याख्याकार भगवान के रूप में करते हैं। पर यह सच नहीं है। गम्भीर और गहन शोध से पता चला है कि कबीर जिस दफ्तर में काम करते थे, उसके बॉस का नाम हरि था। हरि नामक उनका बॉस कबीर को परमपद नहीं देता था, बल्कि अन्य लोगों को परमपद पर बैठाता था। उसी से कुंठित होकर कबीर ने परमपद न मिलने के कारणों की खोज की थी।

गहन खोज के बाद कबीर को पता चला कि परमपद पाने के लिए सर्वाधिक आसान रास्ता है कि हरि को भजना चाहिए। हरि के प्रति खुद को सब तरह से समर्पित करना चाहिए। कबीर ने पाया कि

गुप्ताजी और श्रीवास्तवजी का हरि के प्रति समर्पण, हरि के प्रति भक्ति भाव बहुआयामी है, यह भक्ति भाव सिर्फ दफ्तर तक सीमित नहीं है।

जो भजे हरि को सदा-पद के इस अंश में सदा शब्द का विशेष महत्त्व है। सदा से आशय है कि दिन के चौबीसों घंटे हरि के भजन में लगें, तो ही परमपद का अधिकारी बना जा सकता है। कबीरदास ने अपने शोध में पाया कि गुप्ताजी और श्रीवास्तव जी सुबह अपने बॉस हरि के यहाँ सुबह ही दूधवाले के आने से पहले ही पहुँच जाते हैं।

दूधवाले के लिए दरवाजे खोलने से लेकर घर की सफाई, मुन्नू और चुन्नू को पौटी कराने से लेकर उन्हें स्कूल की बस में छोड़ने जाना, फिर हरि की पत्नी को चाय पिलाना, फिर हरि की पत्नी को शहर में चल रही साड़ियों और ज्वैलरी की तमाम तरह के सेलों से अवगत कराना, फिर हरि को दफ्तर के बारे में बताना कि कौन-कौन हरि भजन में बिलकुल दिलचस्पी नहीं ले रहा है, फिर हरि के घर का खाना बनाना आदि-आदि काम गुप्ताजी और श्रीवास्तवजी करते थे।

इस हरि भक्ति का परिणाम यह होता था कि दफ्तर के सारे परमपद गुप्ताजी और श्रीवास्तवजी को मिलते थे और कबीरदास टापते रह जाते थे। कालान्तर में कबीरदास को समझ में आया कि उद्धार हरि भक्ति में ही है। इसके बाद कबीरदास ने काम के विरुद्ध काफी लिखा। कतिपय मूढ़ व्याख्याकार इसकी व्याख्या इस प्रकार करते हैं कि कबीर ने कामवासना के खिलाफ लिखा है। पर यह व्याख्या गलत है, कबीर के बाद के पदों में काम की जो आलोचना हुई है, उसका आशय है कि साधकों को दफ्तर में कामकाज पर ध्यान नहीं लगाना चाहिए, सिर्फ काम पर ध्यान लगाने से परमपद हाथ से निकल जाते हैं। सदा हरि को ही भजना चाहिए—क्योंकि जो भजे हरि को सदा, वहीं परमपद पाएगा।

विशेष टिप्पणी—यहाँ दृष्टव्य है कि कबीर और अन्य भक्त कवि तुलसीदास के अनुभवों में काफी समानता है। तुलसीदास ने लिखा है—सियाराम मैं सब जग जानी। गहन शोध से पता चला है कि तुलसीदास जिस दफ्तर में काम करते थे, उसके बॉस का नाम सियाराम था और तुलसीदास को भी प्रमोशन पाने के लिए सियाराम में ही सब कुछ देखना पड़ा।

हे आर्य, छोले भटूरे बेचो

टीचर्स डे पर एक अखबार ने बहुत जोरदार खबर दी है, दिल्ली के एक कॉलेज में अब तक एक क्लास भी नहीं हुई। छात्र चुनावों की तैयारियों में लगे हुए हैं। टीचर कहाँ हैं, वे कहीं और लगे हुए हैं। कोचिंग क्लासों में, प्रापर्टी डीलिंग में, साड़ी की दुकानों में।

मामला बहुत पेचीदा हो गया है, जिसे प्रापर्टी डीलर समझो, वह टीचर निकलता है। साड़ी की दुकान का सेल्समैन भी टीचर निकलता है और बिहार के कई मित्र बताते हैं कि वहाँ टायर पंक्चर लगानेवाला भी टीचर ही निकलता है। शिक्षामन्त्री मुरली मनोहर जोशीजी की कृपा से ज्योतिष विभागों की स्थापना कॉलेजों और विश्वविद्यालयों में होनेवाली है। ज्योतिष विभाग आ जाएँ, तो फिर यह बताना आसान होगा कि टीचर क्लास क्यों नहीं लेते हैं।

ज्योतिष विभाग की स्थापना के बाद इसका स्पष्टीकरण यह होगा कि उस टीचर की कुंडली में शनि और राहु का योग है, इसलिए वह टीचर क्लास लेने के बजाय इधर-उधर घूमता है। फलां टीचर फिजिक्स

पढ़ाने के साथ-साथ साड़ियों की दुकान क्यों चलाता है, इसका जवाब यह है कि उसकी कुंडली में वृहस्पति के साथ-साथ बुध, यानी कारोबार का भी योग है, इसलिए वह दोनों काम एक साथ करता है।

शिक्षा अधिकारियों को इस तरह के स्पष्टीकरण अब मानने पड़ेंगे, क्योंकि अब कॉलेजों और विश्वविद्यालयों में ज्योतिष को मानना पड़ेगा। इधर मेरे कॉलेज में कई महीने से सेलरी नहीं मिली है। मुझे पता है कि प्रिंसिपल से कहूँगा, तो वह बता सकते हैं कि मेरा क्या दोष है, राहु में शनि प्रवेश कर गया है। वेतन कैसे मिल सकता है।

कभी सोचता हूँ कि मैं पढ़ाना बन्द कर दूँ और कह दूँ, इधर साढ़े साती चल रही है, इसमें छात्रों से पिटने का खतरा होता है, इसलिए क्लास नहीं लूँगा। प्रिंसिपल को मानना पड़ेगा। मुझे बहुत कुछ उलटा-पुलटा होता हुआ दिखाई दे रहा है। कॉलेज की मेरिट लिस्ट का हिसाब-किताब बदल जाएगा।

कुंडली देखकर यह तय होगा कि फलां छात्र कामर्स पढ़ने योग्य है या इतिहास। जिसकी कुंडली में बुध कमजोर है, वह कामर्स कैसे पढ़ सकता है। जिसकी कुंडली में शनि कमजोर है, वह साइंस पढ़ने के काबिल नहीं है। मुझे एक जोरदार सीन नजर आ रहा है। कॉलेजों में एडमीशन के टाइम टीचर नहीं बैठे हुए हैं, बल्कि तमाम तरह के ज्योतिषी बैठे हुए हैं।

नहीं, इस जातक का दाखिला बीए इंगलिश में नहीं हो सकता, क्योंकि इस जातक की कुंडली में विजातीय भाषा पढ़ने का योग नहीं है—

एक ज्योतिषी बता रहा है।

नहीं, इस जातक को बीएससी में दाखिला किसी भी सूरत में नहीं मिल सकता, इसके माता-पिता ने इसे बारहवीं में साइंस दिलाकर बहुत गलती कराई है। इसकी कुंडली में बुध उच्च का है, इसलिए इसे कामर्स का अध्ययन ही करना पड़ेगा—

दूसरा ज्योतिषी बता रहा है।

इस जातक की कुंडली में विद्या का योग नहीं है, मुझे हैरानी है कि इसने बारहवीं में अस्सी प्रतिशत कैसे हासिल कर लिए। यह जातक झूठ बोल रहा है, इसे पुलिस के हवाले कर दिया जाना चाहिए—

एक अन्य ज्योतिषी एडमीशन पर अपनी राय दे रहा है।

प्रोफेसर अपना मुँह लेकर बैठे हैं। या तो सारे प्रोफेसरों को ज्योतिष सीखनी पड़ेगी या फिर सारे विभागों में ज्योतिषियों की नियुक्ति ही करनी पड़ेगी।

हे आर्य, थोड़ी सी तुम भी चखो–

मेरा एक छात्र दिनदहाड़े क्लास में ओल्ड मांक की बोतल लगाए हुए है और मुझे भी ऑफर कर रहा है। वह छात्र वैदिककालीन ड्रेस में है। सिर्फ धोती पहने हुए है। दारु चढ़ाकर वह झूम रहा है।

हे आर्य, कॉलेज में डिपार्टमेंट आफ वैदिक स्टडीज भी खुल गया है, वेदों में सुरा का भरपूर जिक्र है। मैं सुरा के थोड़े से प्रेक्टीकल कर रहा हूँ।

वह छात्र तार्किक बात कर रहा है। कॉलेजों और विश्वविद्यालयों में वैदिक स्टडीज विभाग भी खुल रहे हैं। सुरापान को नए हिसाब से खराब नहीं माना जाएगा। कोर्स का हिस्सा माना जाएगा।

हे आर्य अब ज्योतिष और वेदों के माहौल में सेलरी की डिमांड न करो, छात्र, जो दक्षिणा दें उनसे सब्र करना सीखो–

छह महीने तक सेलरी न देने के बाद प्रिंसिपल बता रहे हैं।

हे आर्य, तुम तो टीचर बनने के काबिल नहीं हो, तुम्हारी कुंडली में वृहस्पति उच्च का नहीं है, तुम्हारी कुंडली में बुध की जो स्थिति दिखाई देती है, उसके मुताबिक तुम कॉलेज के बाहर छोले-भटूरे बेचने से ज्यादा कुछ नहीं कर सकते। और तुम्हारी कुंडली में शनि की जो स्थिति है, उसके हिसाब से तुम फिजिक्स के प्रोफेसर नहीं हो सकते। तुम हद-से-हद फिजिक्स की लैब में चपरासी हो सकते हो। हे आर्य, कल से सारा कोर्स संस्कृत में नहीं पढ़ाया, तो तुम्हारी सेवाओं का अन्त हो जाएगा–

प्रिंसिपल तमाम टीचरों को विशुद्ध वैदिक अन्दाज में धमका रहे हैं।

हे आर्य, थोड़ी तो लगा ही लो–

उधर से एक और वैदिक छात्र की आवाज आ रही है।

मैं अब आश्वस्त हो गया हूँ, वैदिक अध्ययन और ज्योतिष फुल स्पीड पर है।

हनुमानजी 9001 वाले

श्री 1001 महामंडलानन्द जी के प्रवचन सुनिए—इस तरह के विज्ञापनों में मुझे अक्सर समझ में नहीं आता कि 1001 का मतलब क्या होता है। इधर तमाम कम्पनियों के नाम के आगे यह लिखकर आने लगा है—आई एस ओ 9001, आई एस ओ 9000, आई एस ओ 9002 कम्पनी। यहाँ तो मामला क्वालिटी कंट्रोल का है। पर क्या महामंडलेश्वरों में क्वालिटी कन्ट्रोल तब से चल रहा है, जब से कम्पनीवालों को क्वालिटी कन्ट्रोल की तमीज नहीं थी।

अक्सर सुनने में आता है कि भारत में परमाणु बम और राकेट की तकनीक महाभारत काल में थी—यानी जब पश्चिमवाले जंगलों में बन्दरों की तरह झूलते थे, हम परमाणु बम बनाकर राकेट उड़ाते थे। इसी थ्योरी के आधार पर यह कहा जा सकता था, कि जब 9001, 9002 वाले क्वालिटी कंट्रोल का खयाल पश्चिमवालों को नहीं था, तब भी भारत में तमाम बाबाओं का क्वालिटी कंट्रोल 1001, 5001 के माध्यम से होता था। इस 1001 और 5001 का आधार क्या होता

है, इस सवाल का जवाब नहीं मिलता।

आधार-वाधार क्या होता है, जो हमने कह दिया, वह फाइनल है। हम किससे पूछने जाएँगे, जो हम हैं, वह हम हैं–

एक महामंडलेश्वर बता रहे हैं।

बात में दम है। क्वालिटी के मामले में किससे पूछने की जरूरत है ! जो हम हैं, वो हम हैं। बाबाओं से लेकर जूतों तक के मामलों में यहाँ यही होता है। बाहरवाले शिकायत करते हैं कि यहाँ से जो जूते एक्सपोर्ट किए जाते हैं, वो बहुत खराब क्वालिटी के होते हैं, पर यहाँ के कई जूतेवाले कहते हैं कि हमें क्वालिटी के मामले में किसी से पूछने की क्या जरूरत है। जो हम हैं, वो हम हैं।

एक मन्दिर के ऊपर साइनबोर्ड लगा है–दस हजार साल पुराना हनुमान का असली मन्दिर। उस मन्दिर के पुजारी से दस हजार साल का इतिहास पूछो, तो वह बताता है कि किसी को बताने की क्या जरूरत है, जो हम हैं, वो हम हैं।

हमें किसी को कुछ जवाब देने की जरूरत नहीं है, औरों को ही हमसे सीखने की जरूरत है। 9001 और 9002 की तमीज पश्चिमवालों ने भारत के महामंडलेश्वरों से ही सीखी है। भारतवाले क्वालिटी कंट्रोल के मामले में सबसे आगे हैं। भारतवाले मार्केटिंग और ब्रांडिंग के मामले में भी पश्चिम से कितने आगे हैं, यह बात भी मुझे अभी पता लगी।

मार्केटिंग का एक सिद्धान्त यह है कि वैराइटी होनी चाहिए और हर तरह के ग्राहक का खयाल किया जाना चाहिए। मार्केट में जो लेटेस्ट ट्रेंड हो, उसके हिसाब से बदलाव होते रहने चाहिए–

एक मार्केटिंग एक्सपर्ट बता रहा है। मुझे पक्का पता है कि इसने मार्केटिंग का यह ज्ञान तमाम भारतीय महामंडलेश्वरों के चरणों में बैठकर ही हासिल किया है। वैराइटी के मामले में भारतीय पंडे-पुजारियों ने इतना काम किया है कि हिन्दुस्तान लीवरवाले भी चकरा जाएँ, जितने साबुन के ब्रांड उनके पास नहीं है, उससे ज्यादा वैराइटी एक-एक देवी और देवता की हमारे पास है।

गणेश उत्सव के दौरान मुम्बई में अगर कोई गणेशजी की वैराइटी गिनने बैठे, तो गिन नहीं पाएगा–क्रिकेट खेलते हुए गणपति, वीरप्पन से राजकुमार को छुड़ाते हुए गणपति, फिलिप्स का टू-इन-वन सुनते

हुए गणपति। लेटेस्ट ट्रेंड का यह हाल है कि गुजरात के कई मन्दिरों की ख्याति इस आधार पर टिकी हुई है कि वहाँ पर दर्शन करने से अमेरिका का वीसा तुरन्त मिल जाता है।

यहाँ स्पेशलाइज्ड काम होता है। पुराने टाइप के काम नहीं होते जैसे मुकदमा जितवाना, किसी को वश में करने की मनौती पूरी करवाना, गड़ा हुआ धन दिलवाना आदि-आदि। तमाम महामंडलेश्वर इस मामले में हिन्दुस्तान लीवरवालों के बाप हैं, पब्लिक का टेस्ट क्या है, पब्लिक क्या चाहती है, उसे समझकर ही नया स्पेशलाइज्ड काम शुरू करते हैं। अमेरिकन वीसे की पहले बहुत जोरदार डिमांड नहीं थी, अब है। सो अब वीसेवाले स्पेशलाइज्ड मन्दिर भी हैं।

बताइए कैसा कलयुग आ गया है, भक्तगण कन्जूमर फोरम के जरिए नोटिस भिजवा रहे हैं–

हनुमान मन्दिर का एक पुजारी शिकायत कर रहा है।

मामला खासा दिलचस्प है। उस पुजारी ने उससे एक यंत्र के 11000 रुपए यह बता कर लिए थे कि यंत्र से तमाम सुन्दरियों को अपने वश में किया जा सकता है। सुन्दरियाँ वश में नहीं हुईं, तो वह भक्त कन्जूमर कोर्ट के जरिए 11000 रुपए और हरजाने की माँग कर रहा है।

मामला भक्ति का नहीं, मार्केटिंग के इथिक्स का है, आपने जो वादा किया था, जो गारंटी दी थी, वह सब तो डिलीवर करना पड़ेगा। आफ्टर सेल सर्विस की जिम्मेदारी भी आपकी बनती है–

मैं पुजारीजी को समझाने की कोशिश कर रहा हूँ।

मुझे भविष्य दिखाई दे रहा है, उपभोक्ता जागरूक होते जा रहे हैं, तमाम पुजारियों को कड़े क्वालिटी कंट्रोल के प्रमाणपत्र हासिल करने पड़ेंगे। हनुमानजी को भी 9001 और 9002 होना पड़ेगा। साथ में पुजारियों को अपने मन्दिरों पर यह लिखकर टाँगना पड़ेगा कि उनके यहाँ कस्टमर सेटिसफैक्शन का प्रतिशत क्या है।

चलूँ, देश का पहला 9002 हनुमान का मन्दिर खोल लूँ, शुरू में कम्पटीशन नहीं होगा, चकाचक कमाई हो जाएगी।

शरीफ उर्फ बदमाश

ये बहुत नालायक आदमी है, अब जरुर कुछ गड़बड़ करेगा–

नहीं, यह इस सीरियल में बदमाश नहीं है, उस सीरियल में बदमाश है, यहाँ तो बिचारा भलामानुस है–

सीरियलों को देखकर चर्चा हो रही है। बड़ा कनफ्यूजन है। सुबह से शाम तक इतने सीरियल देखने पड़ते हैं कई लोगों को समझ में नहीं आता कि फलाँ बदमाश है या शरीफ। सुबह आठ बजे वाले सीरियल में वह शरीफ हो सकता है।

दोपहर तक आते-आते वह बदमाश हो सकता है। शाम तक हो सकता है कि उसकी शराफत फिर लौट आए। यह भी हो सकता है कि रात आते-आते फिर वह बदमाश हो जाए। इतने सीरियल, इतने शरीफ चाहिए, इतने बदमाश चाहिए। देखनेवालों की बड़ी आफत है, कनफ्यूजन हो जाता है।

जरा भी कोई याददाश्त का कच्चा हो, तो मात खा जाए। बाजार में नई तरह की कापियाँ आनी चाहिए। जिनमें सीरियलों के बारे में

लेटेस्ट जानकारियों के नोट्स लिए जा सकें। तमाम शरीफों और बदमाशों के बारे में जानकारी रखने के इंतजाम इस तरह की नोटबुकों में होने चाहिए। इनकी बहुत माँग होगी। इनका बड़ा बाजार है।

फिल्मों में अब तक ऐसा होता रहा है। महाभारत में धर्म की मूर्ति बने युधिष्ठर ने कई फिल्मों में बहुत उचक्केगिरी के रोल किए हैं। चाणक्य सीरियल में अमात्य या ऐसी ही किसी गम्भीर भूमिका, जिस कलाकार ने की थी, उसने राजू चाचा फिल्म में बहुत ही बदमाश किस्म का रोल किया है। फिल्मों में चल जाता है। तीन घंटे ही झेलना पड़ता है। पर सीरियल तो रोज ही झेलने पड़ते हैं।

पुराने रिकार्ड के आधार पर जिसे देखते ही कोसने का मन करे, उसका कामकाज किसी सीरियल में इतना शराफत भरा होता है कि दुआएँ देने का मन करता है। सीरियलों ने हमारी सांस्कृतिक दुनिया में इतना भ्रम फैला दिया है कि अब आखिर तक समझ में नहीं आता कि कौन दुआओं का हकदार है और कौन गालियों का हकदार है।

पर ऐसा कनफ्यूजन कहाँ नहीं है–

एक समझदार पूछ रहा है।

समझदार की बात में दम है। ऐसा कनफ्यूजन कहाँ नहीं हैं। हजारों-लाखों का डोनेशन लेकर बच्चों को एडमीशन देनेवाले प्रिंसिपल को माँ-बाप थैंक्यू बोलते हैं। कभी-कभी कनफ्यूजन होता है कि ये थैंक्यू के हकदार हैं या गालियों के। टेलीफोन सही करने पर जिस लाइनमैन का कैशयुक्त थैंक्यू बोला जाता है, वह थैंक्यू का हकदार है या गालियों का ! यह कनफ्यूजन होता है।

इधर कनफ्यूजनों का सिलसिला लगातार बढ़ता ही जा रहा है। जिसे साइबर कैफे का मालिक समझो, वह लश्करे तोईबा निकलता है। जिसे फिल्म फाइनेंसर समझो, वह छोटा शकील का दोस्त निकलता है। जिसे मन्त्री समझो, वह स्विस बैंक का खाताधारी निकलता है। जिसे स्वदेशी की सरकार समझो, वह देश की सबसे बड़ी सेल्समैन निकलती है।

जिसे जो समझो, वह-वह नहीं निकलता। जो वह निकलता है, वह उसे आमतौर पर समझा नहीं जाता। आज के अखबार में खबर है कि इलाहाबाद के कुम्भ में कुछ पुलिसवालों को साधुओं के भेष में रखा गया है। साधु के भेष में अब तक बदमाश आते थे, अब

पुलिसवाले भी हो गए, मामला बैलेंस हो गया। बैलेंस बहुत जरूरी है। साधुओं की ड्रेस पर बदमाशों का ही कब्जा था। अब ऐसी शिकायत नहीं रहेगी।

इस तरह का पारदर्शी बैलेंस सब जगह हो जाए, तो पब्लिक की दिक्कत खत्म हो जाएँगी। तमाम स्कूलों के प्रिंसिपलों को दोपहर दो बजे तक शरीफों के भेष में बैठना चाहिए और दो बजे के बाद गुंडों और उचक्कों के भेष में आ जाना चाहिए। पब्लिक को कनफ्यूजन नहीं रहेगा।

मामला पारदर्शी रहे, तो किसी को कनफ्यूजन नहीं होगा। इनकम टैक्स ऑफीसर को रात में घर में उठाइगीर की ड्रेस में बैठ जाना चाहिए। किसी को कनफ्यूजन नहीं होगा। पुलिसवालों को रात में डकैत की ड्रेस में चलना चाहिए। मामला बिल्कुल पारदर्शी हो जाएगा। किसी को कोई कनफ्यूजन है क्या ?

सन्तो, आई मार्केटिंग की आँधी

बनारस, काँची के विख्यात सन्तों के सम्मेलन में आएँ, इस सम्मेलन में आनेवालों को वही पुण्यलाभ मिलेगा, जो कुम्भ में गंगा स्नान करनेवालों को मिलता है। सुनहरा मौका, चूकिए मत—रामलीला ग्राऊंड की दीवारों पर लिखा हुआ है। तमाम पोस्टरों में लिखा हुआ है।

बनारस, काँची की विख्यात साड़ियों की सेल में आएँ, जोरदार डिस्काउंट का लाभ उठाएँ, सुनहरी मौका, चूकिए मत, रामलीला ग्राऊंड में सेल—आज के अखबारों में एक विज्ञापन है।

सन्तों और साड़ियों में कोई समानता नहीं हैं, पर सन्तों और साड़ियों के इश्तिहारों में इधर बहुत समानता हो गई है। बनारस से आए हुए सन्त हों या बनारस से आई हुई साड़ियाँ हों, सब ग्राहकों को यही बताना पड़ता है कि आइए, लाभ होगा। लाभ पुण्यलाभ हो या डिस्काउंट का, लाभ की बात बताना बहुत जरूरी है। पब्लिक बहुत स्मार्ट हो गई है, बगैर लाभ की बात के आती ही नहीं है।

मुझे यह समझ में नहीं आता कि पुण्यलाभ जैसा शब्द अस्तित्व

में कैसे आ गया। लाभ-हानि कारोबार की भाषा है, पुण्य-पाप धर्म की भाषा है। धर्म में लाभ कैसे आ गया। धर्म की मार्केटिंग में अभी घाटे शब्द का प्रयोग नहीं हुआ है। वरना इस तरह के इश्तिहार भी सामने आ सकते हैं कि काँची और बनारस के सन्तों के सम्मेलन में नहीं आए, तो पचास प्रतिशत की पुण्यहानि हो जाएगी। पुराने संचित पुण्यों के खाते में से पचास फीसदी कम हो जाएगा।

सन्तों और साड़ियों में समानता नहीं है, पर सन्तों और साड़ियों के इश्तिहारों में इतनी समानता कैसे हो गई, यह सवाल लगातार मुझे परेशान कर रहा है। पुराने सन्तों का रिकार्ड देखो, तो पता चलता है कि उन्होंने कभी भी कारोबार और सन्तई को नहीं मिलाया। कबीर कपड़े बुनकर बेचते थे। पर उनके दोहों में कहीं ऐसा प्रसंग नहीं आता कि कबीर के बुने कपड़े खरीदनेवालों को इतना भारी पुण्यलाभ होगा या कबीर की लेक्चर सुननेवालों को कपड़े इतने डिस्काउंट पर दिए जाएँगे।

कबीर अगर अब हुए होते और उनके चेले अगर मार्केटिंग पढ़ गए होते, तो तस्वीर दूसरी ही दिखाई देती। कबीर के प्रवचनों के इश्तिहार कुछ इस तरह से होते—विशेष डिस्काउंट, कबीर एक्सपोर्ट क्वालिटी के कपड़े पर पचास प्रतिशत डिस्काउंट। यह छूट सिर्फ उन ग्राहकों को दी जाएगी, जो कबीर के प्रवचनों के टिकट एक हफ्ते के भीतर खरीद लेंगे। कई तरह की रामलीलाएँ चलानेवाले जिस तरह के पब्लिक बटोरने के लिए रोज किसी न किसी अभिनेत्री को पकड़कर लाते हैं, उसी तरह से बहुत सम्भव है कि कबीर के चेले कबीर के बुने हुए कपड़ों का फैशन शो करा देते।

कबीर बहुत पहले आकर चले गए, उनके हित में ही हुआ। इस दौर में आए होते, तो बहुत परेशानी में पड़ते। चेले फँसवा देते। कबीर को फैशन शो करवाना पड़ता। इधर तमाम सन्तों के पब्लिक रिलेशन मैनेजर जैसे सन्तों को ताकीद करते हैं, वे वैसे ही चलते हैं। सन्त दुनिया को मार्गदर्शन देते हैं, पर अखबार में फोटो और इश्तिहार कैसे चकाचक जाए, इस विषय पर एक्सपर्टों से मार्गदर्शन लेते हैं। इधर कुम्भ में ऐसे कई सन्त आए, जो फोटो खिंचाने से पहले बाकायदा मेकअप करते थे। अखबार में फोटो जाए, तो कायदे से जाए। इस सबके बाद भी पब्लिक नहीं आती, पुण्यलाभ का वायदा करना पड़ता

है। पब्लिक सन्तों को सुनने के लिए आती है या अपने खाते में पुण्य की एंट्री करवाने आती है। यह शोध का विषय है।

बहुत पहले एक सन्त के यहाँ जाना हुआ था, तो वहाँ उनके चेले बताने लगे, यहाँ पर आप नियमित आकर सन्तजी पर लेख लिखा कीजिए, फलाँ अभिनेत्री यहाँ हर हफ्ते आती हैं। मैंने सन्त के शिष्यों से यह पूछा कि मुझे लेख इसलिए लिखने चाहिए कि यह सन्त बहुत अच्छे हैं या मुझे लेख इसलिए लिखने चाहिए कि यहाँ पर फलाँ अभिनेत्री आती हैं। क्योंकि फलाँ अभिनेत्री दाऊद भाई के यहाँ भी नियमित जाती हैं, अगर मुझे दाऊद भाई पर भी लेख लिखना पड़े, तो लेखन का धन्धा छोड़ना पड़ेगा। उन सन्त के चेले बुरा मान गए। फिर उन्होंने कभी मुझे नहीं बुलाया। उनके आश्रम में खाना बहुत अच्छा मिलता था। मुझे खाना मिलना बन्द हो गया। मुझ गरीब का भारी नुकसान हो गया। सन्तों और अपराधियों के सामने सच सँभलकर बोलने चाहिए, यह सबक मुझे इस हादसे के बाद मिला।

बुरा समय है, कबीर पहले चले गए, अच्छा हुआ। अब के कम्पटीशन के टाइम के सन्तों को साड़ियों के लेवल पर उतरना पड़ता है। कम्पटीशन में लेवल बहुत गिराना पड़ता है। साड़ियों का एक कारोबारी बता रहा है। जब मार्केट में साड़ी बेचनेवाले कम थे तो इस तरह से डिस्काउंट देकर सेल नहीं लगानी पड़ती थी। बात मुझे अब समझ में आ रही है, जब सन्त बाजार में कम थे, तो पुण्यलाभ का इंसेटिव देकर सेल नहीं लगानी पड़ती थी।

कहीं से कबीर का पद आ रहा है—सन्तो, आई ज्ञान की आँधी, पर न जाने क्यों मुझे सुनाई दे रहा है—सन्तो, आई मार्केटिंग की आँधी।

मैकडोनाल्डावतार का महात्म्य

बड़ी आफत की बात है, मैं जिस इलाके में रहता हूँ, वहाँ के कुत्ते सिम्पल रोटी खाते ही नहीं हैं। सिर्फ मैकडोनाल्ड बर्गर खाते हैं–

बड़ी गहन समस्या उन्होंने सामने रखी है। समस्या बहुत विकट है। उन्हें एक पंडितजी ने बताया है कि सात दिनों तक मुहल्ले के कुत्तों को रोटी खिलाना बहुत जरूरी है, नहीं तो अनिष्ट हो जाएगा। वह जिस इलाके में रहते हैं, वहाँ मैकडोनाल्ड रेस्टोरेंट है। रेस्टोरेंटगामी पब्लिक वहाँ आसपास मँडरानेवाले कुत्तों को भी बर्गर खिलाती है। अब वहाँ के कुत्तों को रोटी का टेस्ट बहुत चीकट लगता है।

स्वदेशीवालों को अपने आन्दोलन में यह आयाम भी जोड़ना चाहिए। आदमी तो आदमी, अब कुत्ते तक बहुराष्ट्रीय कम्पनियों के चक्कर में आ गए। रोटी के खिलाफ खड़े हो गए, बर्गर के साथी हो गए। इस देश की मिट्टी में ही शायद कुछ करिश्मा है, वरना मेरा ऐसा अनुमान है कि जर्मन या फ्रेंच कुत्ते तो अपने देश में आन्दोलन खड़ा कर देते कि उन्हें विदेशी आइटम देकर उनका टेस्ट बिगाड़ने

की कोशिश की जा रही है।

तो कुत्तों को हफ्ते भर बर्गर ही खिलाकर बवाल काटो—मैं उन्हें समझाने की कोशिश कर रहा हूँ।

नहीं, नहीं, उस किताब के टोटका नम्बर 117 के हिसाब से मुहल्ले के कुत्तों को रोटी खिलाकर ही अनिष्ट टाला जा सकता है—

उन्होंने समस्या की गम्भीरता को एक बार फिर सामने रखा है।

टोटका सोलहवीं या सत्रहवीं शताब्दी में लिखा गया था। तब के पंडित लोगों को अन्दाज नहीं था कि एक दिन भारत भूमि पर ऐसा भी होगा कि कुत्ते रोटी खाने से इन्कार कर देंगे और मैकडोनाल्ड बर्गर की माँग करेंगे। टोटके समसामयिक परिस्थितियों के हिसाब से लिखे जाते हैं, उनमें समय के हिसाब से संशोधन होते रहने चाहिए।

यहाँ भारी आफत है। जो किताब में लिख गया, उसे फाइनल मान लिया जाता है। एक सज्जन मुझे सुबह पाँच बजे के करीब पार्क के तमाम पेड़ों पर टार्च मारते हुए दिखे। उनकी धरपकड़ की, तो उन्होंने बताया कि उल्लू तलाश रहा हूँ। किसी किताब में टोटका बताया है कि शनिवार को सुबह पाँच बजे उल्लू के दर्शन करना बहुत शुभ होता है। अब उल्लू सुबह पाँच बजे पार्क में कहाँ से मिलेंगे। तीन-चार बजे तो उल्लू सोते ही हैं, तमाम तरह के टीवी चैनल देखकर।

संशोधन जरूरी है, वरना पुराने टोटकों को पूरा करने में आफत हो जाएगी। आदमी को डरा-धमकाकर कुछ भी खिलाया जा सकता है, पर इतनी फ्लेक्सिबिलिटी कुत्ते नहीं दिखाते। वो टेस्ट के हिसाब से ही चलते हैं। एक बार जैसा बन जाए, वैसा ही चाहिए। आदमी की तरह नहीं होते कि टोटके के हिसाब से टेस्ट बदल दें। एक बार इच्छा हुई कि जाकर उन कुत्तों को शाबाशी दूँ—कुत्तापन हो, तो ऐसा। पर नहीं, एक धाँसू आइडिया सूझ रहा है।

कलियुग में जब बहुत पाप बढ़ गए और मानव मानसिक रूप से बहुत त्रस्त हो गया, तो भगवान ने अमेरिका में मैकडोनाल्डावतार लिया। उनकी भक्ति और प्रभाव पहले अमेरिका नामक देश में दिखाई दिया। कालान्तर में यह प्रभाव अन्य देशों में भी फैला। मैकडोनाल्डावतार की सहज-सुलभ भक्ति के लिए कालान्तर में एक आसान तरीका विकसित किया गया। इस तरीके के तहत जो भक्त रोज मैकडोनाल्ड का बर्गर खाता है, उसे तत्काल पाप से मुक्ति मिल जाती थी। जो

आगे के पापों का निपटारा अभी से करना चाहता है उसके लिए आवश्यक है कि वह अपने मुहल्ले के सारे कुत्तों को रोज मैकडोनाल्ड के बर्गर खिलाए। जो बहुत ही उच्चकोटि के पाप करने का इच्छुक है, उसके लिए अभीष्ट है कि वह कौओं और चिड़ियाओं को बर्गर खिलाने के बाद 1001 बर्गर किसी नदी में प्रवाहित करे। जैसा कि पापटालेश्वर नामक प्राचीन ग्रन्थ में लिखा है कि कलियुग में पाप खत्म करने के जो नए तौर-तरीके चलन में आएँगे, उनमें कौओं, कुत्तों और बर्गरों का खास रोल होगा। इसलिए भक्तजनों को कलियुग के नए तौर-तरीकों से अपने पापों का संहार करना चाहिए।

यह धाँसू कथा मैकडोनाल्डवालों को इस्तेमाल में लेनी चाहिए, सारे टोटकों में रोटी की जगह मैकडोनाल्ड बर्गर को रखवा देना चाहिए। कुछ नादान कह रहे हैं, यह सम्भव नहीं है। नादान हैं, समझते नहीं हैं, जिस भारतभूमि पर अमेरिकन कोक, पेप्सी और मैकडोनाल्ड जोरदारी से चल सकते हैं, वहाँ अमेरिकन टोटकों के चलने में क्या आफत है।

●●●